THE PERFECT SAUSAGE
Text ⓒ Kjartan Poskitt, 2005
Illustrations ⓒ Philip Reeve, 2005
All rights reserved.
Korean translation copyright ⓒ 2011 by Gimm-Young Publishers, Inc.
Korean translation rights arranged with Scholastic Ltd through EYA
(Eric Yang Agency)

이 책의 한국어판 저작권은 에릭양 에이전시를 통해 Scholastic Ltd와 독점 계약한
(주)김영사에 있습니다. 저작권법에 의하여 한국 내에서 보호를 받는 저작물이므로
무단 전재와 복제를 금합니다.

앗, 이렇게 재미있는 수학이!

수학 공식이 꼬물꼬물

샤르탄 포스키트 글 | 필립 리브 그림 | 김재영 옮김

주니어김영사

수학 공식이 모물모물

1판 1쇄 인쇄 | 2011. 6. 30.
개정 1판 1쇄 발행 | 2019. 12. 5.
개정 1판 3쇄 발행 | 2023. 2. 27.

샤르탄 포스키트 글 | 필립 리브 그림 | 김재영 옮김

발행처 김영사 | 발행인 고세규
등록번호 제 406-2003-036호 | 등록일자 1979. 5. 17.
주소 경기도 파주시 문발로 197(우10881)
전화 마케팅부 031-955-3100 | 편집부 031-955-3113~20 | 팩스 031-955-3111

값은 표지에 있습니다.
ISBN 978-89-349-9823-5 74080
ISBN 978-89-349-9797-9 (세트)

좋은 독자가 좋은 책을 만듭니다. 김영사는 독자 여러분의 의견에 항상 귀 기울이고 있습니다.
전자우편 book@gimmyoung.com | 홈페이지 www.gimmyoungjr.com

이 도서의 국립중앙도서관 출판시도서목록(CIP)은 서지정보유통지원시스템
홈페이지(http://seoji.nl.go.kr)와 국가자료공동목록시스템(http://www.nl.go.kr/kolisnet)에서
이용하실 수 있습니다. (CIP제어번호 : CIP2019030721)

어린이제품 안전특별법에 의한 표시사항
제품명 도서 제조년월일 2023년 2월 27일 제조사명 김영사 주소 10881 경기도 파주시 문발로 197
전화번호 031-955-3100 제조국명 대한민국 ⚠주의 책 모서리에 찍히거나 책장에 베이지 않게 조심하세요.

차례

책머리에	7
꼭 알아 둬야 할 평면과 입체 도형 공식들	12
숫자, 피자 조각 그리고 외계인 통역관	20
주행 중에 하는 도로 실험	42
힘이 느껴지니?	66
돈!	76
요일 알고리즘	101
순열, 조합 그리고 알려지지 않은 공식들	109
절대 필요치 않을 평면과 입체에 관한 공식	121
다각형 공식	123
희한한 상자	150
π 공식	158
카드로 만든 집과 다른 신기한 공식들	192
매우 중요한 마무리	218

책머리에

옛날 옛날에 어느 게으른 작가가 소시지에 대한 수학 공식을 책으로 쓰기로 했다. 책상 앞에 앉아 그는 3분 만에 모든 수학 공식을 종이에 썼다. 그가 알고 있는 수학 공식은 달랑 두 개뿐이었다. 천하태평인 게으른 작가는 일을 예상보다 빨리 끝낸 것에 만족하며 잠자리에 들었다. 하지만 얼마 가지 않아 끔찍한 악몽을 꾸고 말았다.

그는 곧 식은땀을 흘리며 깨어났다. '어떻게 해야 하지?', '꼭 필요한 기본 공식들을 빠뜨린 건 아닐까?' 그때 아주 좋은 생각이 떠올랐다.

그렇게 해서 이 책은 수많은 〈앗! 시리즈〉 팬들이 보낸 공식과 의견을 바탕으로 쓰였다. 어떤 사람은 너무 복잡한 공식을 보내서 작가와 출판 담당자도 풀이하기 힘들었고, 또 어떤 한두 명은 완벽한 수학 공식을 보내와 큰 도움을 주었다. 또 책에 싣기에 곤란한 내용도 있었다. 그중 가장 눈에 띈 것은 갓난아기 동생을 둔 두 오빠의 공식이었다. 그것은 우유 먹이고 등 두드리는 횟수, 트림 소리의 크기, 아기가 토할 때 구토물이 튀는 범위 등에 관한 것으로 공식을 세우기도 어려운 주제들이었다.

여러분이 이 책의 매력에 푹 빠져들기 앞서 아래 분들을 포함하여 의견을 보내 주신 모든 분들에게 고마움을 먼저 전한다.

매튜 킴턴과 탐 윈치, 스티븐 찰턴, 애나 써니 마린, 마이클 존스, 제즈 맥컬러프, 스티븐 와츠, 데이비드 스미스, 알렉스 제프리스, 토머스 구더리지, 휴 이 지에, 폴 바르트제스, 애덤 레인, 스테판 하트웰, 조아킴 워싱턴, 게일 웨이스, 탐 윌킨슨, 대니얼 브랜치, 벤 셀던, 탐 세드윅, 조던 와츠, 닉 덱, 데이비드 팍스, 앨래스데어 치, 샌칫 쿠마르, 어그리드, 사라 히긴슨, 모니카 뎀빈스카, 조너선 해리스, 조지아 길라드, 데이비드 로스 스미스, 크웨쿠 에이브러햄, 대니얼 프레트웰, 로티 그린우드, 이안 하워드, 제시 비씨, 앤드류 윈저, 단 베리, 샘 더비샤이어, 샌던 골든, 매튜 쉬랜, 벤조 봉, 제프리 메이, 제니 우드, 섀무얼 워커, 칼 터너, 해리와 찰리 카인드(그리고 아기 그레이스).

알아 둘 것! 이 명단에는 교사 한 명과 진짜 수학자 두 명이 포함되어 있고, 이들 중 10명은 이 책에 등장한다. 다른 사람들이 모두 실패하더라도 여러분만은 그 사람들을 찾을 수 있기를……

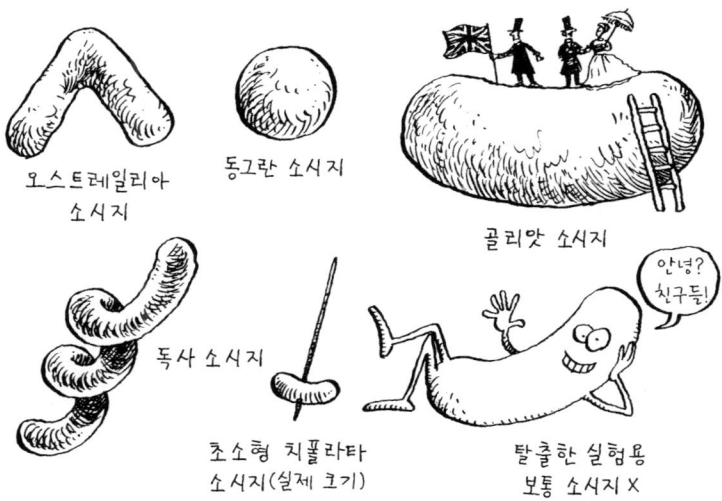

소시지는 3000년 동안 다양한 문명과 문화 속으로 전파되며 변하고 발전했다. 그 종류도 다양하여 루마니아 트란실바니아

에 있는 한 정육점은 송곳니 모양의 검정 소시지를, 미국의 앨로키에 있는 한 요리사는 여섯 겹으로 돌돌 말 수 있는 엄청난 길이의 프랑크푸르트 소시지를 만들었다. 또 장난감 상자의 뚜껑을 열면 용수철에 달려 나오는 스위스 오돌뼈 소시지도 있고, 믿거나 말거나 할 일이지만 아시아 신화 속에 등장하는 '케첩 나라' 항구에 세워져 있었다는 일곱 모가 난 소시지 기둥도 있다.

무엇보다 맛있는 소시지가 수백 년 동안 사람들의 먹을거리로서 예술, 과학, 문화 발전에 활력소가 되어 왔다는 데 의견을 같이하고 있다. 하지만 아직도 한 가지 문제가 해결되지 않았다. 모든 사람들이 좋아할 만한 이상적인 소시지의 부피와 겉넓이를 계산해 내지 못하여, 소시지를 만들 때에 필요한 껍질이나 채워 넣을 고기의 양을 정확하게 알 수 없다는 점이다. 소시지는 모양이 둥글어 길이 재는 게 힘들고, 정확한 부피나 면적을 계산하는 것도 복잡하다. 그래서 이러한 문제를 해결하기 위해 〈앗! 시리즈〉에서 모든 사람들이 좋아할 만한 '완벽한 소시지 만들기 프로젝트'를 계획했다!

모든 사람이 좋아할 만한 '완벽한 소시지'의 부피와 넓이를 알아내기 위해서는 두 가지 공식을 적용해야 한다. 공식을 적용하기에 앞서 계산하기 편한 소시지부터 만들어야 하는데 우선,

소시지의 양 끝 부분을 잘라 낸다. 양 끝을 자른 소시지는 원기둥 모양이며, 잘라낸 양 끝을 맞붙이면 공이 만들어진다. 이렇게 만들어진 소시지의 길이와 너비를 잰 다음에 그 결과를 '완벽한 소시지 공식'에 집어넣기만 하면 답을 구할 수 있다.

지금까지 노력해 온 결과가 나타나는 순간이다. 하지만 지금은 조금만 더 기다릴 것! '완벽한 소시지 공식'은 이 책 184쪽에 나오니까.

기억해 둘 것: 공식들은 소시지 문제만 해결하는 것이 아니라 여러분의 인생 문제도 해결해 준다.

친애하는 수학광 씨에게

나는 당신의 책 첫 페이지를 읽자마자 화가 부글부글 끓어올랐소. 공식(formula)이라는 말은 라틴어로 복수인 'formulae'라고 써야 한다오. formulas가 아니오. 당신 같은 사람들의 부주의한 태도 덕분에 세상은 쓰레기장이 되어가고 있소. 부끄러운 줄 아시오. 쯧쯧.

당신의 속물스러움을 위해
문학 교수 험프리 스터컵

건방진 편지를 쓰기 전에 사전을 한 번 더 찾아봐야 하는 사람들이 있다. 'formulae'와 'formulas'는 둘 다 사전에 나와 있으니 어느 것을 쓰든지 상관없다. 젊고 멋진 우리 독자들은 구닥다리 라틴 어보다는 현대적인 말을 더 좋아한다.

꼭 알아 둬야 할 평면과 입체 도형 공식들

지금까지 많은 사랑을 받았던 인기 폭발 공식 열두 개를 소개한다. 이 공식만 알고 있으면 웬만한 평면 도형이나 입체 도형의 부피와 넓이는 어려움 없이 구할 수 있다.

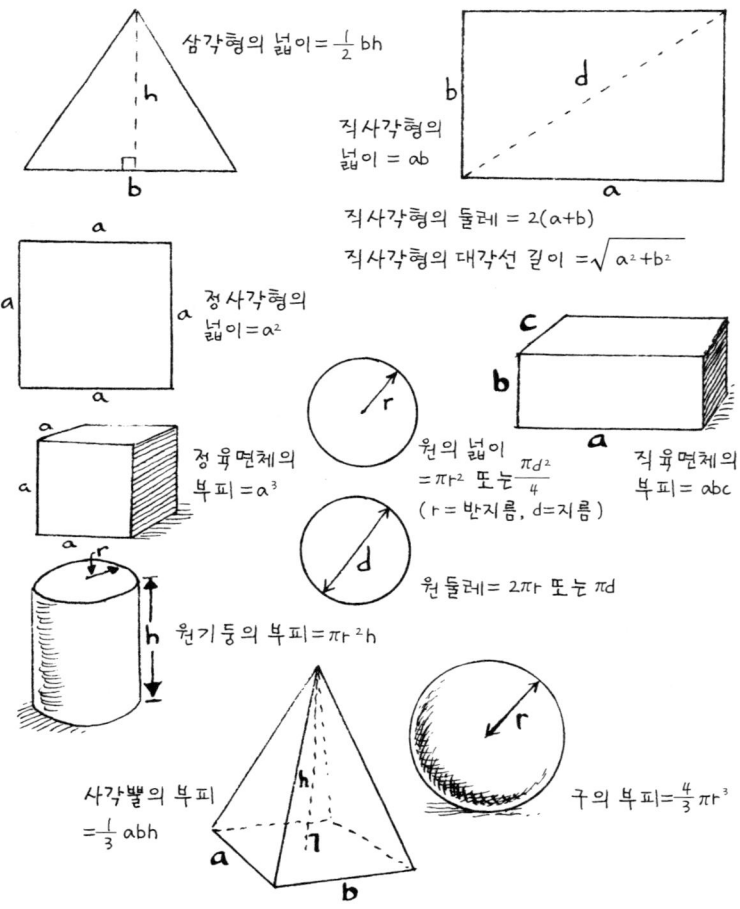

삼각형의 넓이 $= \frac{1}{2}bh$

직사각형의 넓이 $= ab$

직사각형의 둘레 $= 2(a+b)$

직사각형의 대각선 길이 $= \sqrt{a^2+b^2}$

정사각형의 넓이 $= a^2$

정육면체의 부피 $= a^3$

직육면체의 부피 $= abc$

원의 넓이 $= \pi r^2$ 또는 $\frac{\pi d^2}{4}$
(r = 반지름, d = 지름)

원 둘레 $= 2\pi r$ 또는 πd

원기둥의 부피 $= \pi r^2 h$

사각뿔의 부피 $= \frac{1}{3}abh$

구의 부피 $= \frac{4}{3}\pi r^3$

앞에서 소개한 수학 공식들을 어디에 활용해야 할지 모르겠지만 이번 장의 나머지 부분을 보면 알게 된다. 그러니 여기 나온 공식을 보고 당황하거나 걱정할 필요는 없다. 또 이 책의 다른 장을 찬찬히 읽어 가다 보면 생전에 쓸 일이 없을 것 같은 수학 공식도 나오는데, 이 또한 걱정할 필요는 없다. 그 이유도 책을 보다 보면 자연스럽게 알 수 있다.

공식을 어디에 써먹지?

공식을 쓰면 우리가 해야 할 수많은 골치 아픈 계산들이 쉬워진다. 여기서 잊지 말아야 할 것은 순서를 지켜 계산해야 한다는 점이다. 일단 한 번 공식을 써먹으면 이것들이 인생살이를 얼마나 편하게 하는지 알게 된다. 예를 들어 여러분이 앨리스 아줌마에게 직사각형의 넓이를 알려 주고 싶다면 이렇게 쓸 수 있다.

직사각형의 넓이 = 가로 × 세로

그러나 이게 좀 시시하다면, 사람들이 흔히 하듯이 이렇게 그려 보자.

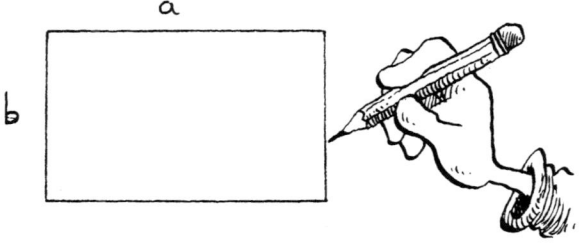

서로 길이가 다른 변이 보이는데 거기에 a와 b라고 표시를 하자. 이제 다음과 같이 쓰면 된다.

* **직사각형의 넓이 = a×b**

훨씬 깔끔해졌다. 여기서 하나 더 알아 둘 것이 있다. 곱셈 공식에서 흔히 사람들은 × 기호를 빼고 두 문자를 붙여서 쓴다. 다음과 같이 쓰면 끝이다.

* **직사각형의 넓이 = ab**

만약 앨리스 아주머니가 가로가 30m이고, 세로가 15m인 직사각형의 목장 넓이를 알고 싶어 한다고 하자. 아주머니는 a와 b 대신에 30과 15를 대입하면 된다. 그러면 목장의 넓이가 30×15 = 450제곱미터라는 것을 쉽게 알 수 있다. 이때 넓이에 제곱미터라는 단위를 붙인다는 것도 잊지 말자. 제곱미터라는 말 대신에 m^2라고 쓰기도 하는데, 그럼 답은 $450m^2$가 된다.

이번에 앨리스 아주머니는 목장 둘레에 울타리를 치기로 했다. 그러자 아주머니는 세워야 할 울타리 길이가 얼마나 되는지 알고 싶어졌다. 둘레는 도형을 둘러싸는 선의 길이를 더한 것이다. 선분의 길이를 더하기만 하면 된다. 이제 목장을 그려 보자.

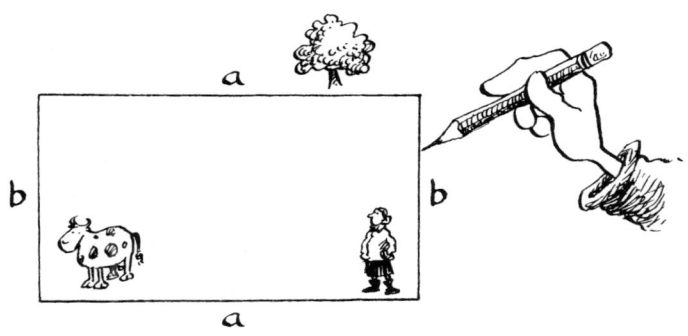

a의 2배와 b의 2배를 더한 것이 둘레라는 것을 알 수 있다. 둘레 = 2a+2b라는 뜻이다. 그리고 a와 b 둘 다 2배를 했기 때문에 괄호를 써서 이렇게 쓸 수 있다.

* **직사각형의 둘레 = 2(a+b)**

수식에서 괄호 밖에 있는 숫자는 괄호 안에 있는 모든 수와 곱해야 한다. 예를 들어 a=30, b=15라고 하면, 둘레는 2(30+15)가 된다.

공식에서 꼭 기억할 것은 괄호가 있을 때는 언제나 괄호 안부터 먼저 계산해야 한다는 사실이다. 그럼 '둘레 = 2(45)'이고, '2×45=90m'라는 계산이 나온다. 이제 울타리의 길이가 구해졌다.

이번에 앨리스 아주머니는 목장 한 쪽 끝에서 반대쪽 끝으로 가는 가장 빠른 길이 알고 싶어졌다.

앨리스 아주머니는 가장 빨리 가기 위해 목장의 대각선을 따라 달려갈 것이고, 그럴 때는 다음과 같은 식을 적용하면 된다.

* 직사각형의 대각선 길이 = $\sqrt{a^2+b^2}$

어디에서 많이 본 듯하지 않은가? 고대 그리스의 수학자 피타고라스? 맞다. 이 공식은 피타고라스의 유명한 정리에서 나왔다. 피타고라스가 누군지 몰랐더라도 이 공식이 '피타고라스의 정리'라는 것만 알면 된다.

숫자 위로 지나가는 제곱근($\sqrt{}$)이 나왔을 경우 당황하지 말고 괄호처럼 취급하면 된다. 그러니까 뭐가 오든지 걱정할 것 없이 제곱근 기호 안부터 계산하면 되는 것이다. 예를 들어 a=30, b=15라면 그냥 수식에 집어넣어 $\sqrt{30^2+15^2}$이라고 생각하면 된다. 언제나 제곱한 값을 먼저 구해야 하므로 $\sqrt{900+225}$가 된다. 그 다음에는 괄호 안에 있는 숫자처럼 계산하면 끝! 그러므로 구하는 값은 $\sqrt{1125}$. 마지막으로 제곱근만 구하면 된다. 하지만 여러분이 천재가 아니므로 간편하게 계산기를 꺼내 $\sqrt{1125}$ 를 누르고, 그 값을 앨리스 아주머니에게 큰 소리로 말해 주면 된다.

물론 이때에는 재빨리 센스 있게 행동해야 한다. 뾰족한 연필을 쥔 어마어마하게 큰 손에 쫓겨 패닉 상태로 목장을 가로지르고 있는 앨리스 아주머니에게 '답은 33.5m'라고 빨리 알려 주라는 뜻이다.

계산의 순서

지금까지 공식에 숫자를 대입하여 계산할 때에 순서를 지키는 것이 가장 중요하다고 배웠다. 아직도 헷갈린다면 목록을 체크하며 되짚어 볼 것!

		〈수학 공식으로 계산할 때 따라야 할 순서〉
1.	( )	2~4단계로 넘어가기 전에 가장 먼저 괄호 안에 있는 것부터 계산하기.
2.	$x^3 \sqrt{a}$	세제곱과 제곱근을 구한다.
3.	× ÷	곱하기, 나누기.
4.	+ −	더하기, 빼기.
5.		괄호 안의 것을 구했으면 괄호를 없앤다. 그 다음은 2~4단계 순서로 계산하면 된다.
		언제나 이 순서대로 해야 한다는 걸 잊지 말자!

이 목록에서 한 가지 빠진 것이 있는데, 그건 사인, 코사인, 탄젠트 같은 삼각비이다. 하지만 다행스럽게도 거의 사용할 일이 없으니 안심할 것! 만약 재수 없게도 이런 기호와 맞닥뜨리게 되면 곱하기와 나누기 전에 먼저 계산하여 값을 구한 다음에, 2번과 3번 과정을 따르면 된다.

π와 원

원과 관련된 수학 공식에는 언제나 π가 나온다. 수학광 독자라면 대개 귀엽게 생긴 이 작은 기호의 이름이 '파이'이고, 그 값이 '3.1415……'이라는 것쯤은 알고 있을 것이다. 계산기의 π 버튼만 눌러도 이 값은 바로 알 수 있다.

그럼 여러분이 가장 아끼는 바지의 엉덩이 부위에 동그란 빨간색 딸기 얼룩이 생겼다고 생각해 보자. 이때 얼룩의 넓이가 궁금하다면 친구에게 동그란 얼룩의 지름을 재어 달라고 하자.

그러고는 다음에 나오는 공식을 이용해 보자.

* 원의 넓이 = πr^2

r = 6이니까, 먼저 제곱을 구해야 한다. $6^2 = 36$이고, 다음으로 $36 \times \pi$는 계산기를 두드려 알아본다. 그러고 나면 딸기 얼룩한테 이렇게 말할 수 있다.

π는 꽤 멋진 놈이라서 π만을 위한 장이 뒤에 따로 있고, 어려운 공식들도 많이 있으니 조심하길! 슬프게도 딸기 얼룩을 없애는 공식은 없다.

숫자, 피자 조각 그리고 외계인 통역관

수학은 숫자들을 가지고 온갖 종류의 이상한 규칙들을 만들어 낸다. 이런 수학 규칙들은 크기가 같은 구슬 한 봉지만 있으면 쉽게 알아볼 수 있다. 만약 여러분이 보통 사람이라면 오렌지나 구슬을 사용하고, 전지전능한 신이라면 행성들을 이용해도 된다. 다만 달과 위성들을 멀리 날려 버린 다음 확인해 보자.

삼각수와 사면체수
먼저 구슬들을 다음과 같이 삼각형 모양으로 늘어놓자.

삼각형:	T_1	T_2	T_3	T_4
배열:	○	○○	○○○	○○○○
구슬의 수:	1	3	6	10

첫 번째 것은 분명 삼각형이 아니지만 일단 함께 생각해 보자. 각 삼각형의 구슬 개수를 삼각수라고 하는데, 첫 번째(T_1)는 1개, 두 번째(T_2)는 3개, T_3은 6개, T_4는 10개이다. 여러분이 당구의 일종인 스누커나 포켓볼을 친다면 5번째 삼각수를 봤을 것이다. 이 두 게임 모두 삼각형 모양으로 놓인 15개의 공

을 가지고 하기 때문이다. 따라서 $T_5=15$라는 식이 성립한다.

구슬만 많다면 원하는 크기의 삼각형을 얼마든지 만들 수 있다. 이 때 필요한 구슬이 몇 개인지 알려주는 공식은 다음과 같다.

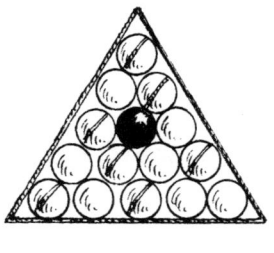

* n번째 삼각수 $T_n = \dfrac{n(n+1)}{2}$

지금까지 만든 구슬 삼각형을 위로 쌓아 올리면 피라미드가 된다. 먼저 한 개의 구슬로 만든 첫 번째 삼각형에서 시작하자.

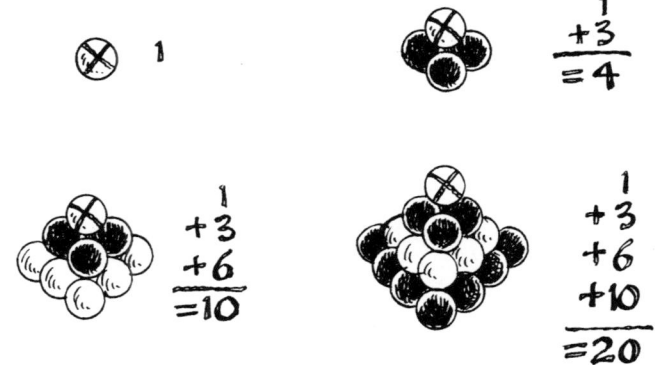

그 다음으로 두 번째 삼각형에 구슬 하나를 쌓으면, 작은 피라미드가 만들어지고 $1+3=4$개의 구슬이 필요하다. 세 번째 삼각형 위에 지금 만든 것을 쌓으면, $1+3+6=10$개의 구슬이 필요하고, 마지막으로 네 번째 삼각형 위에 지금까지 만든 것들을 쌓으면 $1+3+6+10=20$개의 구슬이 필요하다. 이렇듯 삼각형으로 만든 피라미드가 점점 커져가는데, 그것을 사면체라고 부른다. 그리고 '1, 4, 10, 20……'을 사면체수라고 한다.

* n번째 사면체수 = $\dfrac{n^3+3n^2+2n}{6}$

이 공식이 쓸모없다고 생각하는 사람도 있겠지만, 뒤에 나오는 '돈'과 관련된 계산을 보면 생각이 달라질 것이다. 이 공식으로 어떻게 56.20파운드를 벌 수 있는지 알게 될 테니 기대하길.

오각수, 육각수, 피라미드 수
규칙이 있는 또 다른 수로 육각수가 있다. 그림으로 그리면 다음과 같다.

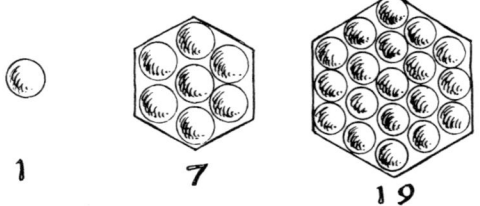

* n번째 육각수 = $3n^2 - 3n + 1$

또 오각수도 있는데 다음과 같다.

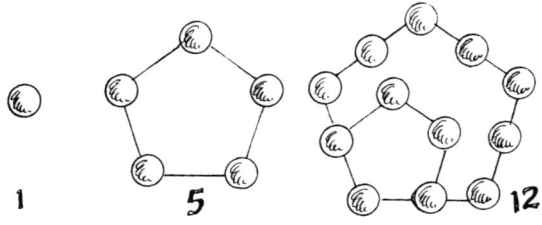

* n번째 오각수 = $\dfrac{n(3n-1)}{2}$

사각수는 좀 더 뚜렷한 특징을 가지고 있다.

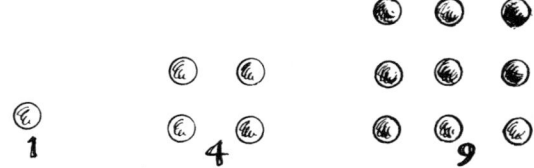

* n번째 사각수 = n^2

삼각수에서 했던 것처럼, 정사각형도 피라미드를 쌓을 수 있다. 가장 작은 피라미드는 구슬 1개가 필요하고, 두 번째는 1+4=5개, 세 번째는 1+4+9=14가 필요하다.

* n번째 사각 피라미드 수 = $\dfrac{2n^3+3n^2+n}{6}$

공식에 숨겨진 신기한 사실은 사면체수와 사각 피라미드수 공식의 n에 어떤 자연수를 대입해도 항상 6으로 나누어 떨어진다는 것이다. 믿지 못하겠다면, 계속 n에 숫자를 대입하여 확인해 보자.

또 다른 흥미로운 사실은 이와 같은 숫자들 속에 신기한 규칙이 숨어 있다는 점이다. 한 예를 들면 어떤 사각수든 잇달아 나오는 두 개의 삼각수로 나뉜다. 16=10+6 이라고 바꿔 놓고 보면, $4^2 = T_4 + T_3$ 이라는 것을 알 수 있다. 이것이 대체 무슨 뜻인지 알려 주는 공식은 다음과 같다.

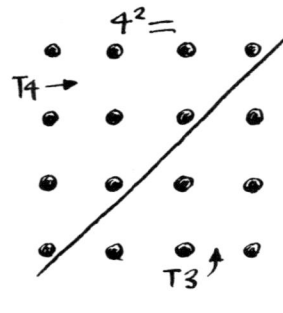

* $n^2 = T_n + T_{(n-1)}$

이와 같은 특별한 숫자들은 좀처럼 생각지 못한 모습으로 돌변하는 특이한 성질을 가지고 있다는 점을 잊지 말자.

우표 세기

지금 여러분이 정사각형 모양의 우표를 갖고 있다고 생각해 보자. 이 우표에서 서로 다른 정사각형 모양을 몇 개나 찾을 수 있을까?

딱 1장만 갖고 있다면 정사각형은 1개이고, 가로 세로 2장씩 붙어있는 우표라면 커다란 정사각형 1개, 하나씩 찢어낸 작은 정사각형 4개, 그래서 1+4=5개가 된다.

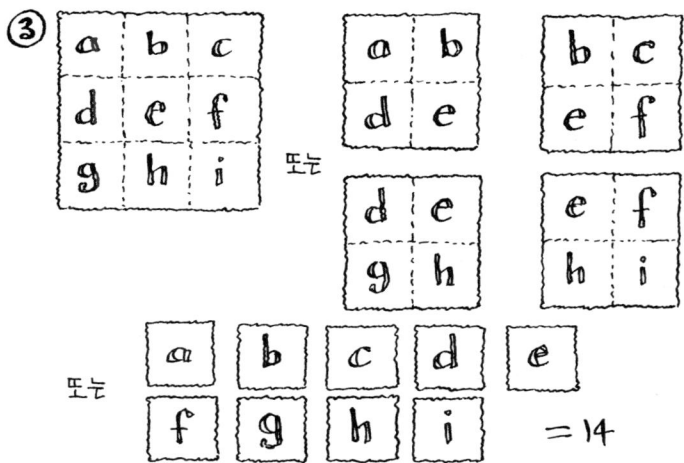

가로 세로 3장씩이라면, 커다란 3×3 모양 정사각형 1개, 2×2 모양 4개 그리고 한 장짜리 9개이다. 그래서 1+4+9=14개를 찾을 수 있다. 1-5-14는 어디서 많이 본 듯한 숫자이다. 떠올랐겠지? n×n장의 우표가 만들 수 있는 사각형의 수는 바로 n번째 사각 피라미드 수와 같기 때문이다. 이제 이 문제를 친구에게 내 보자. 가로 세로 8칸으로 되어 있는 체스 판에는 정사각형이 몇 개나 숨어 있을까? 답은 64개가 아니다. 2×2 모양과 3×3 모양 등도 모두 생각해서 세야 한다.

> 답: 체스 판은 가로 세로 8칸으로 되어 있고, 자기서 숨어 있는 정사각형의 수는 8번째 사각 피라미드 수인 204자지다.

이번에는 세로로 f개, 가로로 g개의 우표가 직사각형 모양으로 붙어 있다고 해 보자. 직사각형이나 정사각형 모양으로 우표를 찢는 방법은 몇 가지나 될까? 어렵게 느껴지겠지만 그 답을 쉽게 구할 수 있는 공식이 다음에 나오니 참고해 보자.

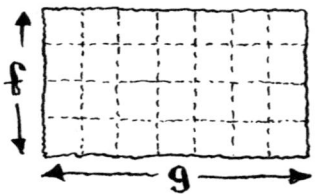

* $f \times g$ 모양 직사각형에서 찾을 수 있는 직사각형과 정사각형의 총 개수 = $T_f \times T_g$

이것은 가로와 세로의 삼각수를 각각 구해서 곱하면 된다는 뜻이다. 가로 4개, 세로 3개가 붙어 있는 우표가 있다고 치자. 먼저 서로 다른 모양의 사각형이 얼마나 나오는지 그려 보고 각각 몇 개인지 세어 보면 구할 수 있다.

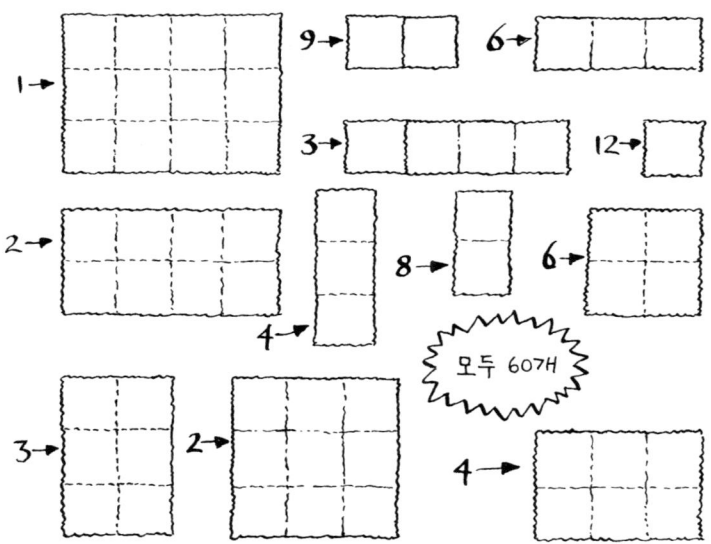

이것을 공식을 이용해 풀면, $T_3 \times T_4 = 6 \times 10 = 60$으로 직사각형과 정사각형은 모두 60개라는 것을 알 수 있다. 이렇게 간단히 풀 수 있음을 기억할 것!

외계인 통역관

놀라지 말 것! 조그 행성에서 지구를 침략하러 악마 골라크가 왔다. 물론 이런 일이야 자주 일어나지만, 이번에는 골라크가 꽤 진지해 보이니 주의해야 한다. 이번 기회를 놓치지 않으려는 골라크들은 은하계의 전사 플루그들과 힘을 합치기로 했다. 그런데 한 가지 작은 문제가 생겼다. 골라크는 플루그 말을 못하고, 플루그들은 골라크 말을 모른다. 그래서 그들은 골라크와 플루그 말을 할 수 있는 통역관을 고용하기로 했다.

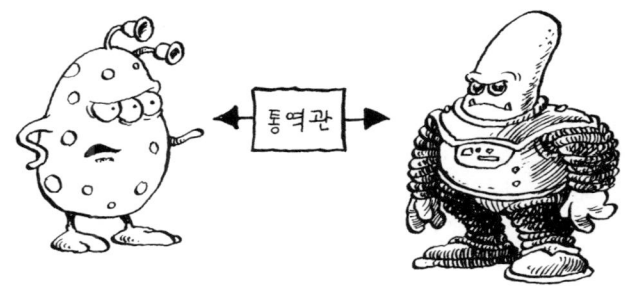

그건 뭐 그렇다 치고, 둘은 또 특별히 맙부켓의 복수자 메이블도 끌어들이기로 했다. 이건 좀 더 골치 아픈 일이다. 메이블은 골라크, 플루그와는 완전히 다른 언어를 사용하고 있기 때문이다. 그래서 또 다른 두 명의 통역관이 필요했다. 한 명은 골라크 말을 할 수 있고, 나머지 한 명은 플루그 말을 할 줄 아는 녀석이다. 이미 골라크와 플루그를 이어 줄 통역관이 있었다는 사실을 잊지 말아야 한다. 그래서 총 3명의 통역관이 필요했고, 그림처럼 3개의 선이 그어졌다.

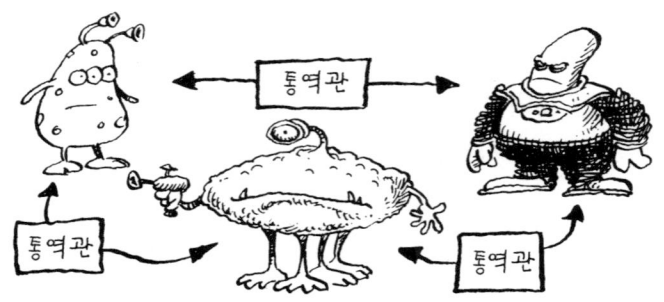

그런데 또 네 번째 외계인이 나타났다. 두꺼비 말만 할 줄 아는 두꺼비 종족. 무슨 일이 벌어지는지 지켜보자.

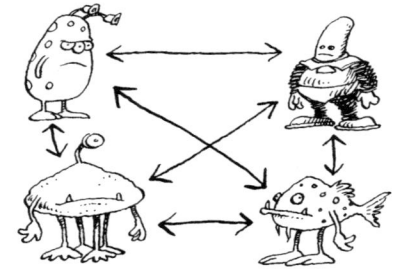

여섯 개의 줄은 여섯 명의 통역관을 뜻한다. 이번에는 볼샤이드……,

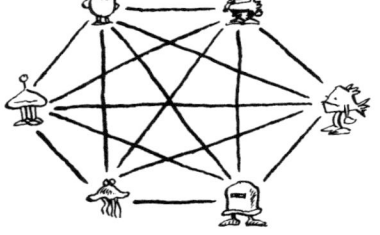

그 다음에는 루터…….
이제 그림으로 돌아가서 통역관이 몇 명이나 되는지 살펴보자. 1-3-6-10-15……. 바로 21쪽에 나왔던 삼각수다! 진짜 신기하지?

그럼 이제 통역관 수와 삼각수가 어떻게 들어맞았는지 알아볼 차례다. 네 개의 외계인 어가 있으면 필요한 통역관 수는 세 번째 삼각수(이건 6)이다. 언어가 다섯 개이면, 필요한 통역관 수는 네 번째 삼각수(이건 10)가 된다. 그러니까 서로 다른 언어 L개가 있다면 필요한 통역관 수는 L에서 1을 뺀 수의 삼각수를 찾으면 된다. 잘 모르겠다고? 그럼 다음에 나오는 공식을 보면 쉽게 이해가 될 것이다.

* L개의 언어에 필요한 통역관 수 = $T_{(L-1)}$

그럼 20개의 외계인 언어가 있을 때에 통역관이 몇 명이나 필요한지 공식을 써서 알아보자. L=20이니까, 필요한 통역관 수는 $T_{(L-1)}$이다. 이 말은 우리가 T_{19}, 바로 19번째 삼각수를 구해야 한다는 뜻이다. 그러니까 삼각수 공식을 쓰고 n 대신 19를 집어넣으면 된다.

필요한 통역관의 수 = T_{19} = $\dfrac{19(19+1)}{2}$ = $\dfrac{19 \times 20}{2}$ = 190

와! 외계인 어가 20개면 통역관이 190명 필요하다.

놀랄 필요 없다. 외계인 병사 470명은 겁주려는 말인 것이 틀림없으니까. 어쨌든 공식을 써서 통역관이 몇 명이나 필요한지나 알아보자! L= 47이니까, 우리는 46번째 삼각수를 구하면 된다.

$$T_{46} = \dfrac{46(46+1)}{2} = \dfrac{46 \times 47}{2} = 1081$$

우아, 병사들보다 통역관이 두 배는 더 필요하다. 우주선 여행이 편안해야 할 텐데. 출발하는 것이나 보자고…….

오호! 모든 외계인이 같은 언어로 이야기 나누는 방법이 있기는 있었군.

피자 공식

순수한 수학자들이 모여 최고의 피자 공식에 대해 오랫동안 말싸움을 벌였다.

다행히 피자에 대해서는 모두 동의할 만한 공식이 하나 있었지만 토핑에 대해서는 하나도 일치하지 않았다. 피자를 여러 조각으로 자르는 것을 포함해서 여러분 자신을 시험해 볼 수 있는 재미있는 문제가 나오니 주목해 보자.

커다란 둥근 피자 하나와 아주 긴 칼이 있다고 생각해 보자. 이 피자를 길게 한 번 자르면 몇 조각이 될까? 답은 2조각이다. 그럼 한 번 더 길게 자른다면? 4조각이 된다.

자, 그럼 세 번 잘라서 조각 수가 가장 많이 나오게 하면 몇 조각이 될까? 이때 조각들이 같은 모양, 같은 크기일 필요는 없다. 답은 6, 아니면 8······? 정답은 7이다! 다시 한 번 조각들이 최대한 많이 나오게 네 번 자른다면 몇 조각일까? 그 답은 11조각이다. 믿을 수 없다면, 다음에 나오는 그림을 보고 수를 세어 보자.

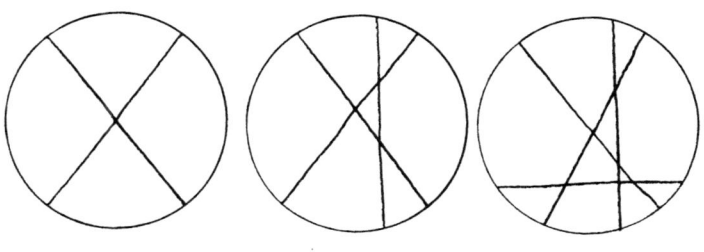

두 번 자르면 4조각   세 번 자르면 7조각   네 번 자르면 11조각

다섯 번이나 여섯 번 자르면 몇 조각까지 나올까?

지금까지 한 조각에서 출발해서 2조각, 4조각, 7조각, 11조각이 나왔다. 1-2-4-7-11은 지금까지 봤던 것과 달리 별다른 규칙을 찾을 수 없다. 그럼 1씩을 빼면 어떻게 될까? 0-1-3-6-10. 그렇다. 또 삼각수다! 삼각수 공식에 1만 더하면, 피자를 잘랐을 때에 가장 많이 나올 수 있는 조각 수를 알아낼 수 있다. 어때, 수학이 주는 즐거움을 알겠는가?

* 피자를 잘라 얻을 수 있는 최대 조각 수 = $\dfrac{c(c+1)}{2} + 1$

c = 자르는 횟수, 그러니까 피자를 7번 잘랐다면

$$\frac{7(7+1)}{2} + 1 = \frac{56}{2} + 1 = 28 + 1 = 29조각.$$

솔직히 말해서 일곱 번 잘라서 29조각이 되려면 피자는 엄청나게 커야 한다. 또 치즈가 심하게 끈적거린다면 칼도 엄청 잘 들어야 할 것이다. 솜씨도 좋아야 하는데, 쉽게 연습할 수 있는 방법이 있으니 걱정은 말자. 커다란 원을 그려놓고, 될 수 있는 대로 많은 조각이 생기도록 직선을 긋는다. 몇 조각이 생겼는지, 잘 했는지 확인해 보자.

- 직선 0개에 커다란 원 : 음, 시작이야.
- 직선 1개에 2조각 : 계속해.
- 직선 2개에 4조각 : 그것쯤이야 쉽지.
- 직선 3개에 7조각 : 아직도 쉬워.
- 직선 4개에 11조각 : 좀 어려워지네.
- 직선 5개에 16조각 : 잘 했어.
- 직선 6개에 22조각 : 놀라운 솜씨야.
- 직선 7개에 29조각 : 환상적이야.
- 직선 8개에 37조각 : 믿을 수 없어!

힌트 : 직선 하나를 그을 때마다 다른 직선을 모두 지나게 한다. 또 서로 다른 직선이 한 점에서 만나게 하면 안 된다.

피자 자르는 게 재미있었지? 하지만 이쯤에서 그만해야 한다. 아주 동그란 피자나 쉽지, 모양이 엉망인 것은 자르기가 힘들 테니까.

초승달 피자 공식

도시 : 미국 일리노이 주 시카고

장소 : 메인 스트리트 루이기 식당

날짜 : 1928년 11월 17일

시간 : 오후 8시 30분

블라인드가 내려져 컴컴한 루이기 식당은 열기와 함께 긴장감이 감돌았다. 식당 가운데 놓인 탁자에 둘러 앉은 수상쩍은 남자 일곱 명이 접시만 뚫어져라 보고 있었다. 그중 여섯은 몹시 화가 나 있었고, 나머지 한 명은 체크무늬 냅킨으로 입가를 닦으며 쩔쩔매고 있었다.

"나눠 먹어야 되는 줄 몰랐다고!"

삼겹살 보첼리가 애써 아무 일도 아닌 듯이 우물거렸다.

"돈이 피자 하나 살 만큼밖에 없었으니까, 우리 일곱이서 나눠 먹어야 했던 거라고."

족제비 위즐이 소리를 질렀다.

"그런데 한 입에 반이나 먹어 버리다니!"

"이것 봐!"

전기톱 찰리가 끙끙거렸다.

"이거 그것처럼 보이는데, 뭐라고 하지? 노란 달 모양인데……"

"초승달."

말라깽이 넘버스가 말했다.

"맞아!"

다른 사람들도 끄덕거렸다.

"어?"

전기톱 찰리가 말했다.

"난 바나나 말한 거였는데. 통통한 바나나 말이야."

"그게 뭐처럼 보이든 간에 내 동생이 자기 몫을 먹었으니……."

삼겹살 보첼리의 형인 면도날 보첼리가 말했다.

"나머지를 우리 여섯이서 나눠 먹어야 하는 거네."

"우리 모두가 먹기에는 턱없이 모자라."

반쪽 미소 가브리아니가 중얼거렸다. 가브리아니가 돌아보니 탁자 위에 올라간 웨이터가 전구에 붙은 죽은 파리들을 떼어 내고 있었다.

"이것 봐! 베니, 탁자 위에서 맨발로 뭐하나?"

"여기는 우아한 식당입니다. 손님들을 위해서 언제나 쾌적한 상태를 유지해야 하죠. 밥 먹는 곳이 더럽길 바라진 않으시죠?"

"그거야 그렇지."

반쪽 미소가 말했다.

"다 끝내고 나면, 우리한테 칼 좀 갖다 주겠나?"

바로 그때 문틈으로 찬바람이 들어오며 싸늘한 목소리가 들렸다.

"비켜, 베니. 우리가 잘라 줄 테니."

보석으로 치장한 땅딸막한 여자와 키 큰 회색 옷 남자가 입구에 서 있었다. 소리를 듣자마자 면도날 보첼리와 다른 사람들이 깜짝 놀라 뒤로 물러났다.

"부처!"

면도날이 말했다.

"어, 길쭉이 제이크도 왔네. 반갑구만."

회색 옷을 입은 키 큰 남자의 길다란 입술 끝이 약간 귀 쪽으로 올라갔다. 그 남자는 사람들을 깜짝 놀라게 하는 것을 좋아하는 듯했지만 소질이 있어 보이지는 않았다.

"그러니까 면도날!"

땅딸보 여자가 탁자 쪽으로 걸어와서 남은 피자를 보며 말했다.

"사업은 어때? 루이기 식당의 특별 요리를 다 먹지도 않은 채 나가려는 걸 보면 일이 잘 돌아가고 있는 게 틀림없군. 우리 집 강아지한테 갖다 줘도 되겠지?"

일곱 남자의 배 속에서 꼬르륵거리는 소리가 합창으로 울려 퍼졌지만, 누구도 감히 그만두라고 하지 못했다. 아무도 말이 없자, 길쭉이 제이크가 소맷자락에서 바늘같이 뾰족한 칼을 꺼냈다.

"안 돼, 안 된다고!"

면도날이 웅얼거렸다.

"가져가! 그렇게 하라고."

부처가 철문에 샴페인 잔이 긁히는 것 같은 소리를 내며 웃었다.

"친절하기도 하셔라!"

부처가 말했다.

"듣자하니 이 피자를 여섯 조각으로 자르려는 것 같던데, 맞나 베니?"

"어, 네. 사모님. 아뇨, 아닙니다. 글쎄요, 사모님. 모르겠어요······."

베니는 어떻게 해야 어느 쪽도 기분 상하지 않을까 생각하면서 이쪽저쪽을 살폈다.

"어떻게 할지 말해 주지."

부처가 말했다.

"재밌게 놀아 보자고. 길쭉이 제이크가 칼로 피자를 길게 두 번 자르면 여섯 조각이 날 거야."

남자들은 숨이 턱 막혔다. 그건 확실히 불가능하지 않든가? 하지만 칼로 뭔가를 할 수 있다면 그건 길쭉이 제이크뿐이다.

"제이크가 못한다면, 내가 너희들 모두에게 저녁을 사 주지."

부처가 말했다.

"하지만 제이크가 해내면, 우리 집 강아지 스너플이 너희들 피자를 저녁으로 먹게 될 거야."

"두 번 잘라서 여섯 조각이라고? 그건 불가능해!"

한 손가락 지미가 중얼거렸다.

"우리가 받아들이면?"

면도날이 말했다.

"물론 받아들여야지. 잃을 게 없잖아?"

삼겹살이 말했다.

"넌 잃을 게 없지. 넌 벌써 네 몫을 다 먹었으니까!"

위즐이 코웃음쳤다.

　과연 초승달 모양의 피자를 두 번 잘라서 6조각으로 만드는 게 가능할까?
　이를 알아보기 전에 우선, 정사각형이나 원 같은 도형의 특징은 '볼록하다'는 것을 알아 두자. 그리고 어떤 사람이 정사각형이나 원을 이루는 선 위에 선 채 반대편을 바라본다고 가정하자. 이때에 선 위에 서 있는 사람은 도형의 어떤 부분도 볼 수 없기 때문에 정사각형이나 원 위에 서 있다는 것을 알 수 없다. 반대로 초승달 같은 도형은 '오목하다'는 것을 알아 두자. 이때에 초승달의 구부러진 끝 부분에 선 채 바라보는 사람은 초승달 모양은 물론 그 너머까지 볼 수 있다. 여기에 해답이 있다.

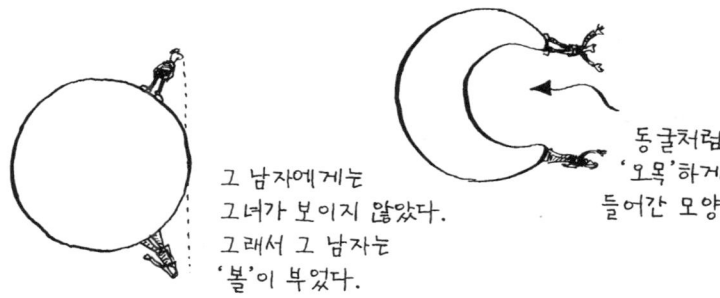

그 남자에게는 그녀가 보이지 않았다. 그래서 그 남자는 '볼'이 부었다.

동굴처럼 '오목'하게 들어간 모양

여러분이 원과 같은 볼록한 도형에 직선 하나를 그으면 두 조각으로밖에 나눌 수 없다. 하지만 초승달같이 오목한 도형에 직선을 그으면 세 조각을 만들 수 있다.

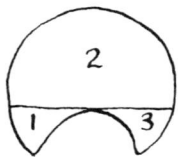

선을 더 그으면 더 많이 만들 수도 있다. 그래서 다음과 같은 초승달 자르기 공식이 나왔다.

* 초승달을 잘라 얻을 수 있는 최대 조각 수 = $\dfrac{c(c+3)}{2}+1$

c = 자르는 횟수

길쭉이 제이크가 초승달을 두 번 잘라서 가장 많이 나올 수 있는 조각 수는 다음과 같다.

$$\dfrac{2(2+3)}{2}+1=\dfrac{2\times 5}{2}+1=\dfrac{10}{2}+1=5+1=6$$

이것이 어떻게 된 것인지 살펴보자.

그리고 강아지 스너플은 후루룩 쩝쩝 맛있게 피자를 먹었다.

3차원 자르기

동그란 피자를 세 번 자르면 최대 7조각이 생긴다는 것을 알았다. 그런데 세탁기만 한 치즈 덩어리를 자른다면? 답은 8조각이다. 이것은 수직으로 자를 뿐만 아니라 수평으로도 자를 수 있기 때문에 가능하다.

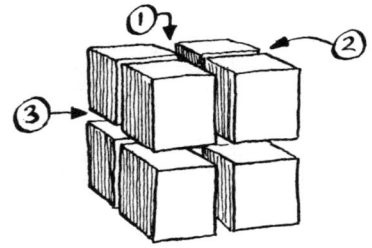

소풍 갈 때에 알아 두면 좋을 영양 만점 공식이다.

* 치즈를 n번 잘라서 얻을 수 있는 최대 조각 수

$$= \frac{n^3+5n}{6} + 1$$

주행 중에 하는 도로 실험

어느 날, 지식의 개척자가 되고 싶은 〈앗! 시리즈〉 연구 담당 학자들이 속력에 대한 공식을 조사하기로 했다. 순수한 수학자들이 어떻게 하는지 볼까? 참, 그전에 먼저 속력에 대한 기본 공식부터 알아 두어야 한다. 아주 간단하니까 겁먹을 필요는 없다.

거리(d) = 속력(s) × 시간(t)이다. 간단하게 d=st라고 쓴다. 뭘 구하는지에 따라 3가지 형태로 쓸 수 있다.

$$* \ d=st \quad s=\frac{d}{t} \quad t=\frac{d}{s}$$

하나씩 찬찬히 살펴보자.

d=st

여러분이 속력과 이동한 시간을 안다면 얼마나 이동했는지를 구할 수 있다.

이때 대령이 얼마나 멀리 갔는지 계산하기 앞서 단위를 모두 통일해야만 한다. 여기서 주의할 것은 속력이 1 '초'에 4m이고, 시간이 10 '분'이라는 점이다. 가장 간단한 방법은 10분을 초로 바꾸는 것이다. 1분은 60초이므로, 걸린 시간 = 60 × 10 = 600초가 된다. 이제 d = st에 s = 4, t = 600을 넣어서 구하면 된다. 그래서 d = 4 × 600 = 2,400m가 된다.

$$s = \frac{d}{t}$$

여러분이 이동한 거리를 알고 시간이 얼마나 걸렸는지도 안다면 속력도 구할 수 있다. 이것은 여름휴가를 가는 차 안에서 하면 특히 재미있다.

거리를 시간으로 나누면 속력을 구할 수 있다. 2마일÷4시간을 계산하면 간단히 답을 구할 수 있다.

$$t = \frac{d}{s}$$

거리와 속력을 안다면 시간을 구할 수 있다. 순수한 수학자들이 첫 번째 실험에서 경찰이 자신들을 언제 어디에서 따라잡는지를 계산하는 데 쓴 공식이다. 간단하게 말하면 그들이 1초에 몇 m나 가는지로 속력을 측정할 수 있었다. 이는, 즉 '거리 나누기 초'라는 뜻이고, m/s 또는 m/초라고 쓴다.

순수한 수학자들은 경찰이 그들보다 5m/초 더 빠르며 500m 뒤에서 따라오기 시작했다는 사실을 알고 있다. 그래서 그들은 $t = \frac{d}{s}$ 를 써서 경찰이 그들을 잡는 데 걸리는 시간을 계산했다. d = 500이고, s = 5 따라서 t = 500 ÷ 5 = 100초.

이제 그들은 시간이 100초인 것을 알았고, 또 d = st를 써서 경찰이 그들을 따라 잡을 때까지 이동한 거리가 얼마인지도 계산해 냈다. 그들의 속력은 20m/초, 그리고 시간은 100초. 따라서 거리는 20 × 100 = 2,000m이다.

물론 연구는 아직 끝나지 않았다. 〈앗! 시리즈〉 자동차는 경찰서 주차장에 주차되어 있고, 우리의 영웅들은 경찰서 안에서 친절하게 경찰의 조사를 받고 있다.

이것은 좀 더 복잡한 계산이다. 먼저 알아 둘 것은 〈앗! 시리즈〉 자동차와 경찰차 모두 경찰서에서 출발했고, 경찰에게 잡히는 순간 둘 다 같은 장소에서 멈춘다는 사실이다. 그러니까 그들은 같은 거리를 이동한다는 뜻이고, d = st 공식을 쓸 수 있다는 얘기다.

먼저 경찰 입장에서 방정식을 만들어 보자. 우리는 실제 속력은 모른다. 그러니까 경찰이 〈앗! 시리즈〉 자동차를 잡을 때까지 걸린 시간을 T라고 하고, 이동한 거리는 D라고 하자. 이것들을 모두 이용해서 경찰 입장에서의 방정식을 구하면 D = ST가 된다. 하지만 이것만 가지고 모자란다. 아직 멀었으니 조금만 더 기다릴 것!

이제 〈앗! 시리즈〉 자동차가 어떻게 되었는지 알아보자. 우리는 〈앗! 시리즈〉 자동차가 경찰차 속력의 $\frac{9}{10}$로 달린다는 것을 알고 있다. 그러니까 〈앗! 시리즈〉 자동차의 속력은 $S \times \frac{9}{10}$이고, 경찰차보다 15초 먼저 출발한 것도 알고 있다. 그러니까 경찰에게 잡힐 때까지 〈앗! 시리즈〉 자동차는 (T+15)초를 달린 셈이다. 움직인 거리는 D로 똑같다. 그러니까 〈앗! 시리즈〉 자동차의 방정식은 이렇게 된다.

$$D = S \times \frac{9}{10} \times (T+15)$$

그리고 D = ST라는 것을 이미 알고 있으니까, D 대신에 집어넣으면 다음과 같다.

$$ST = S \times \frac{9}{10} \times (T+15)$$

이때 주의가 필요하다. 왜냐하면 양쪽에 모두 S가 있으니까. 수학에서는 방정식의 양변을 0이 아닌 수로 나눌 수 있다는 규칙이 있다. 분명히 S는 0이 아니다. 움직이는 속력이 0이라면 어디로든 이동할 수 없을 테니까.

그럼 양변을 S로 나누면, $T = \frac{9}{10} \times (T+15)$.

양변에 10을 곱하면 $10T = 9 \times (T+15)$,

괄호 앞의 9를 곱해 주면 $10T = 9T + 135$,

양변에서 9T를 빼면 $T = 135$.

T는 경찰이 이동한 시간이라는 것을 기억해 보자. 그럼 T+15는 〈앗! 시리즈〉 자동차가 움직인 시간이다. 그래서 계산하면?

우리의 헌신적인 새내기 수학자 팀에게 감사드린다. 우리는 $t = \frac{d}{s}$, 그리고 $d = st$ 공식이 맞음을 증명했다. 이번에는 $s = \frac{d}{t}$ 공식 차례다.

가속도

만약 모든 사람들이 똑같은 속도로 뚜벅뚜벅 걸어 다닌다면 모든 것이 간단하다. 하지만 실제 상황에서는 속도가 빨라지거나 느려지기 때문에 간단하지가 않다. 점점 더 빨라지는 것을 '가속'이라고 하고, 점점 더 느려지는 것을 '감속'이라고 한다. 또 속력은 1초에 움직인 거리를 단위로 써서 'm/초'라고 하고, 가속도는 1초 동안 간 거리를 다시 시간으로 나눈 것을 단위로 써서 'm/초^2'이라고 쓴다. 간단한 실험으로 설명하면 다음과 같다.

여러분에게 필요한 것은
- 얼음산
- 폴리에틸렌 소재의 옷
- 흘려 보낼 액체
- 속도계
- 스톱워치

먼저 얼음산 한쪽에 비탈길을 만들어야 한다. 그런 다음 폴리에틸렌으로 만든 옷을 입고 액체를 옷 위에 골고루 뿌린다. 그래야 비탈길로 미끄러져 내려올 때 마찰로 속도가 느려지는 일이 없다. 이 실험은 달처럼 공기가 없는 곳에서 하는 게 좋지만, 그렇게까지 복잡하게 할 필요는 없다.

그러고는 스톱워치와 속도계를 가지고 비탈길 꼭대기까지 올라간다. 출발하기 전에 속도를 0m/초로 맞춘다. 스톱워치를 누르고는 밑으로 내려간다. 내려갈 때 시간을 알고 싶다면 다음을 보자.

처음에 출발할 때는 꽤 느렸지만 1초가 지날 때마다 속력은 꾸준히 0에서 3에서 6에서 9m/초로 증가했다. 1초에 3m씩 움직이는 속력만큼 계속 빨라지는 것이니까 가속도는 $3m/초^2$이라는 뜻이 된다.

가속도의 공식은 다음과 같다. 단, 출발할 때 움직이지 않는다는 조건이다.

* $a = \dfrac{v}{t}$

a = 가속도, v = 마지막 속력. t = 가속되기까지 시간.

처음 1초 동안 3m/초로 움직였으므로 v=3이고 t=1, 따라서 a=3이다.

맨 밑에 엉덩방아를 찧을 때까지 걸린 시간이 20초라면, 도착할 때까지 얼마나 빨라진 것일까?

주어진 속력과 가속도에 대한 공식을 한 번 변형해 보자.

* $v = at$

여러분이 도착할 때까지 a=3m/초²이고 t=20초다. 따라서 마지막 속력은 1초에 3 × 20=60m/초가 될 것이니 꽤 빠른 편이다. 이는 한 시간에 216km 또는 한 시간에

135마일을 간다는 뜻이다.

여러분이 내려온 비탈길의 길이는 얼마나 될까? 이번에는 거리와 가속도 공식을 써 보자. d = 맨 밑에 닿을 때까지 움직인 거리이다.

* $d = \frac{1}{2}at^2$

$a = 3m/초^2$이고 t=20, 그래서 $d = \frac{1}{2} \times 3 \times 20^2 = 600$이 나온다. 그러니까 여러분이 만든 비탈길은 600m나 된다.

'쾅' 소리 엄청 크게 내는 법

에베레스트 산 두 개를 얻어다 하나를 다른 것 위에 올려놓으면 높이는 약 17,700m이다. 그것을 얼음으로 덮고 천사에게 경사가 약 65°가 되는 가파른 비탈길을 만들어 달라고 하자. 비탈길은 19,500m쯤 될 것이다. 마찰을 없애기 위해 폴리에틸렌 옷 위에 액체를 한 통 정도 골고루 뿌리고, 가능하면 어마어마한 산을 진공 상태인 방으로 옮겨 놓아 공기의 저항을 모두 없앤다. 준비됐나? 잘 했군.

꼭대기에서 출발한다. 가속도가 $3m/초^2$이라면, 맨 밑에 닿을 때까지는 얼마나 걸릴까?

거리와 가속도에 대한 공식을 약간 손질하면 다음과 같다.

* $t = \sqrt{\frac{2d}{a}}$

$d = 19500$, $a = 3$을 집어넣으면, $t = \sqrt{\frac{2 \times 19500}{3}} = \sqrt{13000} =$

약 114이다. 그러니까 맨 아래까지 가는 데 약 114초가 걸린다는 뜻이다.

끝까지 가는 데 얼마나 빨랐냐고? v = at를 쓰면, v = 3 × 114 = 342. 그러니까 속력은 약 342m/초이다.

대단하지! 누군가 여러분을 보고 있었다면 맨 아래에 도착할 때 아주 큰 폭발음을 들었을 것이다. 왜냐하면 여러분이 음속 장벽을 뛰어넘었을 테니까. 소리의 속력은 340m/초이므로 여러분이 그보다 빨리 내려온 셈이다.

속력을 높이는 법

속력과 가속도에 대한 공식인 v = at는 출발하기 전까지 움직이지 않는다고 가정했을 때에나 성립한다. 그런데 여러분이 가속도를 내기 전에 이미 움직이고 있었다면 공식을 조금 수정해야 한다.

* $v_2 = v_1 + at$

v_2 = 여러분의 마지막 속력

v_1 = 달리고 있을 때의 속력

a = 가속도

t = 가속하고 있었던 시간

이번에는 여러분이 쓰레기통 안에 들어가 있다고 생각해 보자. 이미 10m/초의 속력으로 굴러가고 있다.

여러분이 비탈길로 접어들고 7초 지나서 가속도는 $2m/초^2$이 되었다. 마지막 지점에 도착할 때에는 얼마나 빨라져 있을까?

$v_2 = 10 + (2 \times 7) = 10 + 14 = 24m/초$

속력이 빨라지는 동안 여러분이 얼마나 이동했는지 알고 싶다면, 이미 움직이고 있었던 것을 고려한 공식이 필요하다.

* $d = v_1 t + \frac{1}{2} at^2$

v_1은 가속도를 내기 전의 속력으로 10m/초이다. $a = 2m/초^2$이라는 것을 알고 있고, t = 7이라는 것도 알고 있으므로, 값을 집어넣기만 하면 답이 나온다.

$d = 10 \times 7 + \frac{1}{2} \times 2 \times 7^2$

이때 18쪽에서 말했듯이 순서를 잘 지켜서 계산하는 것이 중요하다. 괄호는 없으니까 제곱이 먼저다.

$d = 10 \times 7 + \frac{1}{2} \times 2 \times 49$가 나오고, 다음에는 곱하기를 할 차

레다. d=70+49이고, 마지막으로 더하기를 하면 d=119m가 나온다.

천천히 굴러가는 법

속도가 점점 줄어드는 것을 보통 '감속'이라고 하는데, '가속'과 반대의 뜻이다. 여러분이 아직 쓰레기통 안에 있고, 24m/초의 속도로 젖은 타르 위를 5초 동안 굴러 간다고 해 보자.

타르 때문에 속력이 $3m/초^2$만큼 줄었다면 마지막 속력은 얼마일까?

$v_2 = v_1 + at$를 다시 적용해 보자. 이번에는 가속도가 줄어듦으로 음수가 된다는 것을 기억하자. 그래서 a=-3, v_1=24이고, t=5 그래서 v_2=24+(-3×5)=24-15=9. 마지막 속력은 9m/초가 될 것이다.

멈출 때까지 걸리는 시간

시간, 속력, 거리, 가속도의 값을 가지고 하는 계산에서 가장 중요한 것은 멈출 때까지 걸리는 시간을 알아내는 것이다.

거대한 원양 정기선이 위풍당당하게 6m/초의 속력으로 항해하고 있다고 치자. 원양 정기선은 크고 무거운 데 비해 브레이크가 잘 작동하지 않는다는 문제가 있다. 심지어 프로펠러도 거꾸로 돌아간다. 무시무시한 바람이 분다 해도 최대한 줄일 수 있는 감속도는 0.02m/초²이다. 멈출 때까지 얼마의 시간이 걸릴까?

$v_2 = v_1 + at$ 공식에서 시작하면, $t = \frac{v_2 - v_1}{a}$ 이라는 공식을 구할 수 있다. 물론 v_2는 마지막 속력이므로 0이다. 그러면 분자는 $-v_1$으로 끝난다. 천천히 속도를 줄이고 있다는 점에 주목하자. 그럼 a도 음수가 되므로, 두 개의 음수가 만나면 양수가 된다.

* 멈출 때까지 걸리는 시간 $t = \frac{v}{a}$

v = 원래의 속력
a = 감속도
원양 정기선의 v = 6이고, a = 0.02이다. 따라서 t = 6 ÷ 0.02 =

300초, 즉 5분이다!

멈출 때까지 이동한 거리

멈출 때까지 걸리는 시간보다 더 중요한 것은 멈출 때까지 얼마나 이동했냐는 것이다. 특히 원양 정기선이 사람이 들어가 있는 쓰레기통을 향해 돌진할 때라면 더 중요하다.

$d = \frac{1}{2}at^2$에 $t = \frac{v}{a}$ 공식을 집어넣어 바꿔 보면, $d = \frac{1}{2} \times a \times (\frac{v}{a})^2$으로 멋지게 변신한다.

* 멈출 때까지 이동한 거리 $d = \dfrac{v^2}{2a}$

v = 원래 속력
a = 감속도

원양 정기선을 위해 $v = 6$, a = 0.02를 넣으면 $d = \frac{6^2}{2 \times 0.02} =$ 900m가 나온다. 원양 정기선은 멈출 때까지 900m를 가야 한다.

여기서 각별히 주의해야 할 것은 원래의 속력을 제곱해야 한다는 점이다. 우리의 원양 정기선이 두 배로 빨리 움직인다면, 다시 말해서 $v = 12$m/초라면, 여러분은 아마 멈추는 거리도 두 배로 늘어난다고 생각할 것이다. 하지만 실제로 계산해 보면 멈추기까지 $\frac{12^2}{2 \times 0.02}$ = 3600m를 움직인다. 즉 원래 거리의 네 배다!

그러니까 여러분이 원양 정기선을 운전하며 만을 지나가고 있는데, 방파제에 주차되어 있는 아이스크림 트럭을 보았다고 하자. 이때 그쪽으로 배를 돌리기 앞서 자신에게 세 가지 질문을 던져 보아야 한다.

우리는 위급한 상황에서 운전 속도가 빠를수록 멈추는 데 걸리는 거리가 많이 필요하다는 것을 알고 있다. 실제로 지금 배운 공식을 적용하면 시간당 40마일로 움직이는 차가 멈출 때 걸리는 거리는 시간당 30마일로 움직이는 차보다 거의 두 배가 된다는 것을 알 수 있다.

낙하 구역

약 400년 전, 이탈리아의 천재 과학자 갈릴레오는 높은 건물에서 달걀 한 개와 대포알 하나를 떨어뜨리는 실험을 했다. 둘은 동시에 땅에 떨어졌고, 갈릴레오는 물체가 땅에 떨어지는 속도는 같다는 것을 알았다. 이때 무게는 중요하지 않았다. 하지만 여기서 공기의 저항만은 영향을 미친다. 예를 들어 벽돌과 휴지 한 장을 떨어뜨리면, 벽돌이 먼저 땅에 떨어지는데 이는 공기의 저항 때문이다. 만약에 공기가 없다면, 둘은 동시에 땅에 닿을 것이다.

그 당시에 m를 사용하고 있었다면 갈릴레오는 좀 더 정리된 결론을 얻었을 것이다. 높은 빌딩에서 달걀을 떨어뜨리면 1초 뒤에는 속력이 10m/초이고, 2초가 지나면 20m/초이고, 3초가 지나면 속력이 30m/초가 된다. 그래서 중력에 따른 가속도는 $10m/초^2$이 된다.

★요건 몰랐을걸!

좋다. 인정한다. 중력 가속도는 정확하게 $10m/초^2$이 아니다. 해수면에서는 $9.81m/초^2$ 정도이고, 산에 올라가면 좀 더 낮아진다. 물리에서는 이렇듯 골치 아픈 숫자들이 많이 나온다. 만약 여러분이 실험실에서 익숙한 차림으로 기어 다니는 숫자 10을 발견한다면, 까다롭게 굴지 말고 우유를 좀 따라 주거나 귀 뒤를 살살 쓰다듬어 주어라.

공식에서 중력 가속도는 보통 소문자 g로 표시한다. g가 뭔지 모른다면, 10이라고 생각하면 된다. 여러분이 까다로운 사람이라면 9.81이라고 생각하고.

비행기에서 하마를 떨어뜨린다면 5초 안에 얼마나 멀리 갈까? 이때에 기억해 두자. g는 하마 가족이 총출동하더라도 똑같은 값을 갖는다는 것을. $d = \frac{1}{2}at^2$이므로 a=10, t = 5를 대입하면, $d = \frac{1}{2} \times 10 \times 5^2 = 5 \times 25 = 125m$가 나온다. 비행기에서 하마가 떨어지는 것은 별로 흥미롭지 않으니까 조금 더 재

미있는 가정을 세워 보자. 여러분이 비둘기이고 파리에 있는 에펠탑 꼭대기에 앉아 있다고 하자. 샹젤리제 거리에서 거대한 모자를 쓴 사람이 다가오고 있다. 여러분은 그 모자를 향해 '목표물 맞히기' 실험을 하고 싶어서 견딜 수가 없다. 탑 높이가 300m라면 그 큰

모자의 사나이가 '아이코' 하고 외칠 때까지 얼마나 걸릴까?

$d = \frac{1}{2}at^2$ 공식을 좀 바꿔 보면 날개나 낙하산 없이 떨어질 때 걸리는 시간을 알 수 있다.

* 떨어질 때까지 걸리는 시간 = $t = \sqrt{\dfrac{2h}{g}}$

t = 시간 (초)
h = 떨어질 때 높이
g = 중력 가속도

비둘기의 실험에서 h=300m, g= 10m/초²이므로, 이것들을 공식에 집어넣어 보자.

$t = \sqrt{\dfrac{2 \times 300}{10}} = \sqrt{60}$ = 7.75초가 된다.

우리가 직접 결과를 확인하지는 못하지만, 우리를 위해서 실험하고 결과를 알려줄 프랑스 〈앗! 시리즈〉 비둘기 독자가 있다면 메르시 보꾸!

대포

도끼족 우르굼이 새로 만든 허풍 살인 대포를 시험하고 있다. 물론 진짜 미개인이라면 설명서를 확인하느라 애쓰지도 않겠지만.

만약 대포를 하늘을 향해 쏜다면 얼마나 높이 올라갈까? 답을 구하려면 포구 발사 속도 v를 알아야만 하는데, v는 대포알이 포구를 빠져 나올 때의 속도를 뜻한다. 여기서도 역시 공기저항은 무시해야만 한다. 그렇지 않으면 〈앗! 시리즈〉 책에 싣기에는 너무나 복잡한 계산 과정을 거쳐야 하니까.

대포알의 포구 발사 속도가 70m/초라고 하자. 대포알이 공중으로 날아 올라가면 중력은 10m/초로 감소할 것이다. 대포알은 최고 높이에 도달해야 멈출 것이다.

멈출 때까지 움직인 거리에 대한 공식인 $d=\frac{v^2}{2a}$ 을 조금 변형하면, 최대 높이에 대한 공식을 얻을 수 있다. $d=\frac{v^2}{2a}$ 에서 정지 거리인 d는 최대 높이 h가 되고, v(속도)는 v이고, a(중력가속도)는 g가 된다. 그러면 다음과 같은 공식이 나온다.

* 최대 높이 = $h=\frac{v^2}{2g}$

g는 10m/초²이고 v=70m/초, 따라서 h = $\frac{70^2}{2 \times 10}$ = 4900 ÷ 20 = 245m가 된다.

재미있는 것은 v = v이고 a = g이므로 멈출 때까지 걸리는 시간 공식인 t = $\frac{v}{a}$에 대입하면, 대포알이 얼마나 오래 날아가는지도 구할 수 있다는 말씀.

* 최대 높이에 올라가기까지 걸리는 시간 = $\frac{v}{g}$

그래서 우루굼의 대포알은 70÷10=7이므로 7초 후에 떨어진다. 그래서 어떤 일이 벌어졌냐면?

좋아, 다시 내려왔군. 낙하 구역 공식에서 가장 궁금한 것은 떨어지는 데 얼마의 시간이 걸리느냐는 것이다. $t=\sqrt{\frac{2h}{g}}$ 이지만 우리는 이제 $h=\frac{v^2}{2g}$ 이라는 것을 알고 있으니 h를 $\frac{v^2}{2g}$ 으로 바꾸면 어떻게 되는지 알아보자.

땅에 다시 떨어지는 시간에 대한 공식은 $\sqrt{\frac{2}{g} \times \frac{v^2}{2g}} = \sqrt{\frac{2v^2}{2g^2}} = \sqrt{\frac{v^2}{g^2}} = \frac{v}{g}$ 이다.

알아챘는지 모르겠지만, 최대 높이에 도착하기까지 걸리는 시간과 다시 떨어지는 시간에 대한 공식은 모두 $\frac{v}{g}$ 이다. 왜냐하면 둘 다 걸리는 시간이 같기 때문이다. 덕분에 또 다른 결론을 얻을 수 있다. 대포알이 떨어지기 시작했을 때는 중력 가속도가 적용되므로 $g=10m/초^2$ 이다. 떨어지는 데 걸리는 시간은 $\frac{v}{g}$ 이니까, 대포알이 우르쿰의 발 위로 떨어질 때의 속도는 얼마일까? 우선, $v=at$ 이고 $g \times \frac{v}{g} = v$ 이므로 속도를 쉽게 구할 수 있다. 그렇다. 대포알이 우르쿰의 발에 떨어질 때 속도는 출발할 때 속도와 정확히 똑같다!

우르쿰은 어떻게 하면 발을 찧지 않고 대포를 발사할 수 있을지 고민해야겠지만 급할 것은 없다. 우르쿰은 이 책 거의 끝

부분에나 다시 나오니까.

쓸모없는 사실

누구든 높이 뛰어올라 공중에서 2초 이상 정지해 있을 수는 없다. 물론 절벽에서 뛰어내리거나, 로켓 추진 가방을 메거나, 번지 점프를 하고 있다면 상황은 달라질 테지만. 높이뛰기 세계 기록이 2.5m인 것을 이용해서 이 사실을 증명할 수 있다. 만약 여러분이 2.5m 높이로 뛰어오른다면, 공중에서 얼마나 오래 머물 수 있을까?

여기서도 대포알처럼, 올라가는 데 걸리는 시간과 내려오는 데 걸리는 시간은 같다. 2.5m 높이에서 땅에 떨어지기까지 걸리는 시간을 구해서 2를 곱하면 공중에 떠 있는 시간을 알아낼 수 있다.

낙하 구역에 나왔던 공식을 쓰면, $t = \sqrt{\frac{2h}{g}}$ 이다. $h = 2.5$ 그리고 $g = 10$ 이다. 따라서 $t = \sqrt{\frac{2 \times 2.5}{10}} = \sqrt{\frac{5}{10}} = 0.707$ 초이다.

그러니까 올라갔다 내려오는 데 걸리는 최대 시간은 $2 \times 0.707 = 1.414$ 초이다. 실제로 여러분이 공중에 2초 동안 머물고 싶다면 약 5m는 뛰어 올라야 한다. 어때 쉽지? 5m만 뛰어오르면 된다고.

힘이 느껴지니?

1680년대 천재 과학자인 아이작 뉴턴은 '프린키피아'라는 책을 통해 힘은 무엇이고 어떻게 작용하는지를 상세히 설명했다. 550쪽이나 되는 이 책에서 뉴턴은 "힘을 주어 밀지 않으면 그 어떤 물체도 방향을 바꾸거나 움직이지 않는다."고 말했다. 지금은 누구나 알고 있는 사실이기 때문에 우습게 들릴 것이다. 하지만 이것은 그렇게 단순한 원리가 아니다.

한 예를 들자면, 여러분이 오르락내리락 빙빙 도는 롤러코스터를 타고 무척 신 나 하는 것은 그 엄청난 속도 때문이 아니라 바로 힘 덕분이다. 여러분을 빠른 속도로 올라가게 하고, 또 천천히 내려가게 하고, 방향을 바꾸게 하고, 결국에는 토하게도 만드는 것은 힘 때문인 것이다.

뉴턴은 힘 때문에 어떤 일이 일어나는지를 보여 주기 위해서 엄청 까다로운 계산을 했다. 여러분도 머리에 사과가 쿵 떨어지자 아이디어가 떠올랐다는 뉴턴의 일화를 알겠지만 사실 그의 연구 대부분은 태양, 달, 그리고 행성의 움직임에 관한 것이었다. 유감스럽게도 뉴턴은 롤러코스터를 경험하지 못했다.

뉴턴을 도와줄 놀라운 공식이 이제 곧 나오니 기대하시길!

행성의 속도

1609년에 요하네스 케플러라는 독일 천문학자가 공식을 하나 발표했다.

$$* \frac{T^2}{d^3} = k$$

T = 행성이 태양 둘레를 도는 데 걸리는 시간
d = 태양에서 행성까지의 평균 거리
k가 뭔지 곧 나올 테니까 모른다고 걱정할 필요는 없다.

화성이 태양에서 얼마나 떨어져 있는지 모른다면 위의 공식으로 구할 수 있다. 먼저 우리가 조금이라도 알고 있는 행성이 있어야 하는데, 지구를 이용해 보자. 지구가 태양 주위를 도는 데 걸리는 시간이 1년이니까, 지구에서 태양까지의 거리는 1억 5,000만km다.

이 숫자를 케플러의 공식에 집어넣으면 $\frac{1^2}{150^3} = k$.

다음에 할 일은 스톱워치를 들고 화성이 태양 둘레를 도는 시간을 재는 것이다.

화성에서 태양까지 거리를 m이라고 하고, 1.88년을 케플러

의 공식에 집어넣어 보면 $\frac{1.88^2}{m^3} = k$

이제 두 방정식 모두에 k가 있으니까, k를 없애고 이렇게 식을 바꿔 쓸 수 있다. $\frac{1^2}{150^3} = \frac{1.88^2}{m^3}$

식을 뒤섞어 잘 정리하면 $m^3 = 1.88^2 \times 150^3$,

숫자들을 잘 계산해 보면 $m^3 = 11,928,600$.

그런 다음에 세제곱의 근을 구하면 m ≒ 228.

따라서 화성이 태양에서 2억 2,800만km 떨어져 있다는 결론을 얻을 수 있다. 이 방정식은 행성에 대해 알려 줄 뿐만 아니라 아이작 뉴턴의 업적도 알 수 있게 해 주는 중요한 실마리이다.

중력

이제는 1660년대 이야기로 돌아가서, 뉴턴이 사과나무 아래에 앉아 있을 때에 사과 한 알이 머리 위로 떨어지는 것에 주목해 보자. 뉴턴은 이를 통해 지구가 사과를 끌어당긴다는 것을 알게 되었고, 아래와 같은 공식에 따라 모든 물체가 서로 다른 물체를 끌어당기고 있음을 증명했다.

* $F = G \dfrac{m_1 m_2}{d^2}$

F = 당기는 힘(뉴턴)
m_1 = 첫 번째 물체의 질량(kg)
m_2 = 두 번째 물체의 질량(kg)
d = 두 물체간의 거리(m)
G = 중력상수(0.0000000000667, 소수점과 667 사이에 '0'이

10개 있다.)

믿을 수 없는 사실이지만 모든 물체가 서로 다른 물체를 끌어당기고 있다면, 풍고 맥휘피와 베로니카 검플로스도 서로 끌어당기고 있어야 한다는 것이다.

풍고와 베로니카의 경우처럼 여러분도 좋아하는 두 가지 물체를 골라서 공식을 적용해 보면 그들이 끌어당기는 힘의 크기를 알 수 있다. 그럼 이제 풍고와 베로니카 사이의 끌어당기는 힘을 알아보자. 일단 60kg인 풍고를 m_1이라고 하고, m_2는 베로니카로 질량은 50kg이고, 둘 사이의 거리는 1m라고 해 보자. 공식에 따라 둘이 끌어당기는 힘을 계산하면,

$F = 0.0000000000667 \times 60 \times 50 \div 1^2 = 0.0000002001$뉴턴

이 나온다.

그러니까 이것은 열정적인 순간에 중력이 베로니카를 풍고의 품 안으로 끌어당긴다는 뜻이겠지?

뉴턴의 운동 제2법칙

* **F = ma** 또는 힘 = 질량 × 가속도

이 공식은 아이작 뉴턴이 발견한 법칙 중 가장 유명한 것으로 힘이 무엇인지 분명하게 말해 주고 있다. 이를 보다 쉽게 알아보기 위해 공중에 떠다니는 8kg의 돌덩이를 옮기려고 한다고 치자. 일정한 힘으로 1초 동안 밀면 돌덩이는 5m/초로 움직인다. 이는 1초 만에 속력이 0m/초에서 5m/초로 증가하였다는 뜻으로 가속도는 5m/초^{2}이다. 이해하기 힘들다면 50쪽에 나온 가속도에 대한 설명을 다시 한 번 살펴보자.

여러분이 같은 힘으로 계속 민다면, 2초 뒤에 돌덩이는 10m/초로 움직일 것이고, 3초 뒤에는 틀림없이 15m/초로 움직일 것이다. 이때에 속력은 점점 증가하지만 가속도는 그대로 5m/초^{2}이다.

1kg의 질량이 1m/초^{2}의 가속도를 내기 위해 필요한 힘을 아이작 뉴턴 때부터 '1뉴턴'이라고 부르게 되었다. 그렇다면 8kg의 암석 덩어리로 5m/초^{2}의 가속도를 내기 위해서는 얼마만큼의 힘이 필요할까? m=8이고, a=5이므로 F=ma라는 공식을 적용하면, 힘 = 8×5 = 40뉴턴이 된다.

★ 요건 몰랐을걸!

아이작의 방정식은 거의 완벽하지만 250여 년 뒤, 알베르트 아인슈타인이 빛의 속도로 움직일 때는 규칙이 약간 바뀌는 것을 알아냈다. 여기 아인슈타인의 방정식이 있다.

* 아인슈타인의 힘의 공식 $F = \dfrac{ma}{(1-\dfrac{v^2}{c^2})^{\frac{3}{2}}}$

v = 속력
c = 1초에 30만km를 가는 빛의 속도

여러분도 상상할 수 있을 것이다. 이 방정식을 계산하는 것은 꽤 까다롭다고. 그러니 여러분의 속력이 1초에 10만km를 넘지 않는다면, 좀 오래됐지만 훌륭한 공식인 F = ma를 쓰도록! 게다가 그만한 속도로 움직인다면 여러분을 둘러싸고 있는 시간은 무너지고, 질량은 거의 무한대가 되어 계산 몇 번 하는 것보다는 훨씬 커다란 걱정거리를 안겨 줄 거라고.

그건 그렇고, 공원 벤치에 앉아 있던 풍고와 베로니카를 기억하고 있겠지? 그 둘을 끌어당기는 힘이 0.0000002001뉴턴이라는 것을 계산해 냈었다. 만약 풍고가 자유 공간, 즉 무한히 넓은 진공의 공간에 떠다니고 있다면, 우리는 풍고가 베로니카에게 향하는 가속도를 구할 수 있다.

F=ma 공식은 $a = \dfrac{F}{m}$로 바꿀 수 있다. 힘은 0.0000002001뉴턴이고, 풍고의 질량이 60kg이면, 풍고가 베로니카에게 향하는 가속도는 0.0000002001÷60=0.000000003335m/초²

이다. 게다가 베로니카가 벤치 끝에 앉아 있지 않고 자유 공간

에서 같이 떠다니고 있다면 풍고를 향해 가속도를 낼 것임이 틀림없다!

베로니카의 질량 = 50kg이고, 좀 전처럼 $a = \frac{F}{m}$를 적용하면 베로니카의 가속도는 0.0000002001 ÷ 50 = 0.000000004002 m/초²이다.

베로니카에게는 나쁜 소식인데, 그녀의 질량이 작기 때문에 풍고가 베로니카를 향해 움직이는 것보다 더 빨리 베로니카가 풍고를 향해 움직이고 있다.

이제 두 가속도를 더하면, 그들은 각각 서로 0.000000007337m/초² 만큼 끌어당긴다는 것을 알 수 있다.

53쪽에 나왔던 가속도와 거리 방정식 $d = \frac{1}{2}at^2$을 이용하면 둘이 한 시간에 얼마나 가까워지는지 알 수 있다. 다른 시간이 모두 초로 되어 있기 때문에 먼저 해야 할 일은 1시간을 초로 바꾸는 것이다. 1시간은 60분이고, 1분은 60초이므로 1시간 = $60 \times 60 = 3{,}600$초이다. 따라서 $t = 3{,}600$, 그리고 $a = 0.000000007337 \text{m}/초^2$이다.

$d = \frac{1}{2} \times 0.000000007337 \times 3600^2 = 0.04754\text{m}$.

다시 말해서 둘 다 자유 공간에 떠 있다면 1시간 뒤 둘 사이의 거리는 5cm도 안 된다. 그들 사이의 거리가 좁혀지면 질수록 당기는 힘은 꾸준히 증가할 것이고 가속도는 점점 증가하고, 둘이 빨리 더 빨리 움직이게 되면…….

추

추는 무게가 나가는 물체를 가느다란 막대나 실에 매달아 놓은 것을 말한다. 좌우로 왔다 갔다 진자 운동을 하며, 특별한 경우가 아니라면 왔다 갔다 하는 데 걸리는 시간(T)은 추의 길이에 달려 있다. 이때에 무게가 얼마나 나가는지는 중요하지 않다.

* $T(초) = 2\pi \sqrt{\dfrac{\ell}{g}}$

ℓ = 추의 길이

g = 중력 가속도(60쪽에 나왔으니 참고)

신발을 벗어 1m 길이의 끈에 매달고, 우아하게 흔들어 보자. 시간은 앞뒤로 한 번 왔다 갔다 하는 만큼만 잰다.

$$2\pi \sqrt{\dfrac{\ell}{g}} = 2\pi \sqrt{\dfrac{1}{9.81}} = 2 \times 3.1416 \times 0.3193 = 2.0065초$$

이때 g = 10 대신 9.81을 쓴 것은 가능한 정확한 시간을 구하기 위해서다. 높은 산에 올라가면 g는 약간 작아진다. g=9.6으로 썼다면 시간이 약간 늘어나서 신발이 한 번 왕복하는데 2.028초가 걸린다.

아인슈타인의 에너지 방정식

20세기에 가장 유명한 공식을 빠뜨리고서는 힘, 질량, 물체의 움직임에 대해 소개하는 이번 장이 완성될 수 없다.

* $E = MC^2$

알베르트 아인슈타인은 F = ma라는 공식을 뒤엎고 이와 같은 아름다운 공식을 내놓았다.

알베르트는 물체는 엄청난 양의 에너지로 이루어져 있으며 그것을 완전히 파괴하고 나면 에너지가 방출된다고 했다. 이것이 바로 핵발전소 원리이다. E는 여러분이 얻는 에너지이고, M은 당신이 파괴하고 있는 물체의 질량이고, C는 빛의 속도이다.

너무 무시무시한 방정식이니까 빨리 도망가야지! 잡히기라도 하면 골치 아파진다고.

돈!

돈을 많이 벌고 싶다고? 아주 쉬운 방법이 있다. 바로 〈앗! 시리즈〉 팀의 2단계 시스템을 따라하기만 하면 된다.

1단계 무언가를 산다. 이때 여러분이 지불하는 돈을 원가라고 한다.

2단계 여러분이 지불한 것보다 돈을 조금 더 받고 물건을 판다. 이때 당신이 얻은 돈을 판매가라고 한다.

너무 간단하지?

불어난 여러분의 재산을 계산하는 법

여러분이 추가로 얻는 돈을 이익이라고 하며, 판매가(s)와 원가(c), 이익(p)의 관계를 정리한 간단한 공식은 다음과 같다.

* $p = s - c$

물론 이 식을 $s = c + p$ 또는 $c = s - p$로 바꿀 수 있다.

원가, 판매가 그리고 이익의 의미를 알게 되면 여러분은 잔혹한 상업주의 세계의 치열한 전쟁터에 뛰어들 준비가 된 것이다. 곧 뛰어들 테니 단단히 준비할 것!

폭스워스 저택에 사는 사람들은 지금 장롱을 뒤져 새 물통을 사는 데 필요한 자금을 마련하고 있다. 몇몇 사람은 다른 사람의 장롱까지 뒤졌다.

여러분이 보았듯이 로드니 바운더는 바지를 8파운드에 샀다. 그는 이제 그 바지를 12파운드에 팔아서 이익을 남길 생각을 하고 있다. p=s-c 공식에 숫자를 집어넣으면 P=12-8이므로 로드니의 이익은 분명히 4파운드가 될 것이다. 모든 것이 너무나 간단하다. 하지만 여기 조금 더 영리한 녀석이 있다.

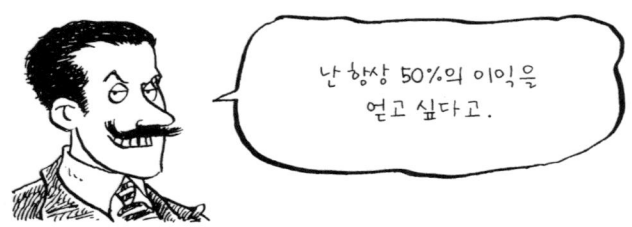

이익률과 백분율

많은 물건을 사고팔 때는 분수나 백분율로 주어진 이익률을 계산하는 것이 편리하다.

★ 요건 몰랐을걸!

백분율은 비율의 일종이다. '퍼센트(percent)'는 '100으로 나눈다'는 뜻이다. 여러분이 9.5%라고 쓰면 9.5÷100을 해서 0.095가 되는 것이다.

많은 사람들이 이익, 가격, 그리고 백분율 때문에 무척 헷갈려 한다. 계속하기 전에 뭐가 뭔지 알고 넘어가는 게 좋다.

원가(c) 물건의 원래 가격을 말한다. 이건 매우 중요하니까 절대 잊지 말도록!

판매가(s) 물건을 판매한 가격이다.

이익(p) 판매가와 원가의 차이를 말한다. 여기서 주의할 것은 원가가 판매가보다 더 높다면 이익은 음수가 된다는 점이다. 다시 말해 손해를 입었다는 뜻!

이익률(m) 원가에 대한 이익의 비율을 %로 나타낸 것이다. 알고 보면 별로 어렵지 않다.

원가, 이익 그리고 백분율로 표시된 이익률의 엄청난 비밀이 다음의 공식에 모두 들어 있다.

* 이익률(%) = $m = \dfrac{p}{c} \times 100$

여기서 로드니의 바지 이익률을 살펴보자. 원가는 8파운드이고 이익은 4파운드이다. 공식에 c = 8과 p = 4를 대입하면 m = $\dfrac{4}{8} \times 100$, 따라서 m = 50이 나온다. 그러므로 이익율은 50%이다. 로드니는 바지에 딱 알맞은 값을 치룬 셈이다.

꼭 알아야 할 이익과 백분율 공식들

우리는 이익률 공식뿐 아니라 s = c+p라는 것도 이미 알고 있으므로, 대수만 안다면 판매가, 원가, 이익률을 구하기 위해 이 공식을 변형시킬 수 있다. 하지만 이 책은 대수 책이 아니라 공식 책이므로 〈앗! 시리즈〉는 여러분에게 필요한 변형된 다양한 공식들을 알려주고자 한다. 여러분이 c, s, p 또는 m이라는 기호들 가운데 두 개의 값을 알면 다른 어떤 것도 구할 수 있다.

* $s = c+p = c\left(\dfrac{100+m}{100}\right) = p\left(\dfrac{m+100}{m}\right)$

* $c = s - p = \dfrac{100p}{m} = \dfrac{100s}{100+m}$

* $p = s - c = c\left(\dfrac{m}{100}\right) = s\left(\dfrac{m}{100+m}\right)$

* $m = \dfrac{p}{c} \times 100 = \dfrac{p}{s-p} \times 100 = \dfrac{s-c}{c} \times 100$

자, 이제부터 이 공식들이 어떻게 쓰이는지 알아보자. 로드니가 그것 말고 또 뭘 더 팔았는지도 궁금하군.

꽃병은 6파운드이고 로드니는 50%의 이익을 얻고 싶어 한다. 그럼 꽃병을 얼마에 사 왔어야 할까? 한번 맞춰 보자. 여러분은 3파운드라고 생각하고 있겠지? 아니면 4파운드?

맨 먼저 할 일은 어떤 공식을 사용할지 정하는 것이다. 우리는 로드니가 지불한 원가 c를 구하려고 한다.

$s=6$이고 $m=50$. 그러면 공식들을 따라 계산해 보자. c로 시작하는 게 보이고, 그 안에 s와 m도 보일 것이다. $c = \dfrac{100s}{100+m}$을 찾아서 숫자들을 집어 넣으면 $c = \dfrac{600}{150} = £4$가 나온다.

찾았다! 로드니의 꽃병 원가는 4파운드이다. 하지만 솔직히 말해 보라! 여러분은 3파운드라고 생각했지? 누구나 저지르는 실수다. 하지만 로드니가 꽃병을 사서 6파운드에 팔면 이익은 6-3=3파운드. $m = \frac{p}{c} \times 100$ 공식을 쓰면, $m = \frac{3}{3} \times 100$, 이익률은 100%가 된다.

이번에는 로드니가 또 다른 물건을 어떻게 사고파는지 알아보자.

로드니는 가격표에 뭐라고 적었을까?

먼저 공식 없이 한 번 생각해 보자. 로드니의 이익이 3파운드의 50%가 되려면 1.5파운드이다. 3파운드에 50%의 이익을 더해서 가격표는 4.5파운드가 된다. 간단한 것은 이렇게 해도 되지만 좀 더 복잡한 숫자들은 공식을 쓰는 것이 더 쉽다. 어떻게 하는지 보자.

우리는 s를 구하고 싶다. m=50%라는 것과 c=£3라는 것을 알고 있으니까,

$s = c(\frac{100+m}{100})$ 공식에 이것들을 집어넣어서 구할 수 있다.

$s = 3(\frac{100+50}{100}) = 3(\frac{150}{100}) = 3 \times 1.5 = £4.50$

우리는 로드니의 이익률이 50%임을 알고 있다. 돈으로 계산하면 로드니의 이익금은 얼마나 될까? $s = £7.50$이고, $m = 50$이고 우리는 p를 구하려는 것이다.

$p = s(\frac{m}{100+m})$을 쓰면 된다. 숫자를 집어넣으면 이렇게 나온다.

$p = £7.50 \times (\frac{50}{100+50}) = £7.50 \times (\frac{50}{150}) = 7.50 \times \frac{1}{3} = £2.50$.

로드니는 분명히 즐거운 오후 시간을 보냈다. 하지만 매번 이익을 얻지는 못한다는 것이 문제다.

손실에 대처하는 법

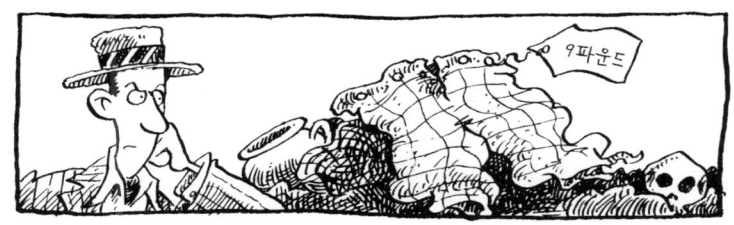

빙키는 바지를 12파운드에 사서 9파운드에 팔았다. 그러면 이때 이익은 얼마일까?

$c = £12$이고 $s = £9$이니까 $p = s-c$를 쓰면 빙키의 이익은 $£9 - £12 = -£3$라는 것을 알아냈다. '−' 기호는 빙키가 손해를 봤다는 뜻이다! $m = \frac{(s-c)}{c} \times 100$ 공식을 써 보면, 이익률이 −25%라는 것도 알 수 있다.

적당한 때에 손해를 보는 것도 매우 중요하다. 처음에 빙키는 귀여운 야채 조각 인형들을 샀다.

안타깝게도 오후의 뜨거운 기온으로 야채들은 말라비틀어졌고 빙키는 크리스탈 아주머니에게 60%를 손해 보고 팔고 말았다.

그렇다면 크리스탈 아주머니는 그것을 얼마 주고 샀을까?

빙키의 이익 p는 -£3이고, 이익률은 -60%이고, 우리가 알고 싶은 것은 판매가 s이다. 이때 공식 $s=p(\frac{m+100}{m})$으로 음수들을 정확히 대입시켜 계산하여야 한다.

$s = -£3 \times (\frac{-60+100}{-60}) = -£3 \times (\frac{40}{-60}) = -£3 \times -\frac{2}{3} = £2$

크리스탈 아주머니는 2파운드를 냈고, 중요한 것은 모든 - 기호가 사라졌다는 것이다. 빙키는 운이 좋았던 것이다. 만약 크리스탈 아주머니가 빙키에게 마이너스 2파운드를 냈다면, 빙키는 아주머니를 위해 야채들을 버리는 일까지 해야 한다는 뜻이니까!

불쌍한 빙키! 사람들이 모두 떠나려고 짐을 싸고 있는데, 아무도 거들떠보지 않는 바지들이 수북이 쌓여 있다······.

특별 할인

상점에서 '20% 할인' 또는 '몽땅 30% 할인'이라고 쓰인 안내문을 본 적이 있을 것이다. 이런 안내문은 물건을 싸게 판다는 뜻으로 여러분의 지출을 덜어 준다. 상점 입장에서 보면 할인은 손해를 본다는 뜻이라는 것을 기억해 두고, 지금까지 봤던 공식들을 적용해 보자. 그러니까 p와 m은 음수가 될 것이다.

c는 물건의 원래 가격.

s는 판매 가격(바꿔 말하면 여러분이 내야 하는 돈)

p는 원가보다 감소한 돈의 양, 그러니까 음수!

m은 할인율이고, 이것도 역시 음수. 왜냐하면 원래 가격보다 더 싸게 파는 것이니까.

TV를 사려면 얼마를 내야 할까? 원가는 200파운드다. 할인율 m은 백분율로 -15%이다. 할인가 s를 알려면 s = c ($\frac{100+m}{100}$)을 적용하면 된다.

숫자들을 집어넣으면, s = £200 × $\frac{100-15}{100}$ = £200 × $\frac{85}{100}$ = £200 × 0.85 = £170

이 남자는 돈을 얼마나 절약한 것일까?

여기서 주의할 것! 절약한 돈이 얼마인지 구할 때, 그가 지불한 돈이 40%라고 생각하는 경우가 있다. 다시 말해서 £90 × $\frac{40}{100}$ = £36 이라고. 하지만 아니다! 정가의 40%가 할인된 가격에 물건을 구입한 것을 잊지 말자.

우리는 s와 m을 알고 있고, p가 알고 싶으니까. p = s($\frac{m}{100+m}$) 공식을 써 먹자. s = £90이고, m은 할인율이라는

것을 기억하자. 그러니까 음수다. $m = -40$,
$P = £90 \times (\frac{-40}{100-40}) = £90 \times (\frac{-40}{60}) = -£60$ 이다.
그러니까 '이익'이 $-£60$라서 $£60$를 절약한 셈이다.

초콜릿 할인 판매

상점에서 때때로 물건이 싸다고 하는 대신 덤으로 물건을 더 주겠다고 하는 경우가 있다. 우리 공식에서 m은 항상 백분율이지만, c와 s, p는 반드시 돈을 뜻하는 것은 아니다. 레모네이드의 양이나, 로프의 길이나 무게 같은 것을 나타내기도 한다.

원래의 초콜릿 상자에는 초콜릿 500g이 들어 있는데, 지금 하나를 산다면 무게는 얼마나 될까? 원래 무게가 500g이고, 그것을 c라고 한다. 왜냐하면 공식에서 c는 원래의 값을 말하니까. m은 +35이다. 이번에는 양이 더 많아졌기 때문에 양수이다. 이제 우리는 s를 구하면 된다. s는 원래 것이 바뀐 양을 말한다.

이때 $s = c(\frac{100+m}{100})$ 공식을 쓰자. 시간을 들여 찬찬히 답을 구해 보면 새로운 상자에는 정확히 675g이 들어 있다는 것을 알 수 있다.

이자

여러분이 진짜 부자라면 돈을 은행이나 주택 조합에 넣어둔다. 만약 그렇게 한다면 창구 뒤에서 일하는 모든 사람들을 행복하게 만들어 주는 셈이다. 그 사람들은 은행이 문을 닫고 나면 돈을 가지고 놀 수 있을 테니까. 때때로 그들은 온 바닥에 돈을 흩어 놓고, 굴리기도 하고, 돈다발을 서로 던지며 싸우기도 한다. 돈이 얼마나 들어가는지 알아보려고 바지나 스웨터 안에 쑤셔 넣어 보기도 하고, 정말 장난꾸러기라면 커다란 노트로 종이 화살을 접어 잘 나는지 보려고 서류 절단기를 향해 던진다. 항상 불은 켜져 있지만 창문은 들여다보지 못하게 블라인드가 쳐진 은행을 유심히 살펴 본 적이 있나? 그것은 은행이 문을 닫고 절대 안을 들여다볼 수 없게 했다는 뜻이다. 이제 왜 그런지 알겠지?

은행 사람들은 여러분의 돈을 보관하고 있는 대신 빌리는 값을 여러분에게 준다. 돈을 가지고 있도록 허락해 준 것에 감사하며 돈을 좀 더 쳐주는데 그 돈을 '이자'라고 한다. 이때 여러분이 받는 이자의 양은 '이자율'에 따라 결정된다. 이자를 구하는 방법은 다양하며 각각 공식이 다르다.

단리

이자율이 단리일 때는 '5% p.a.'라고 표현한다. 'p.a.'는 라틴어로 '1년 마다'를 나타내는 'per annum'의 약자이다. 이 말은 해마다 여러분이 낸 돈의 5%를 추가로 받을 수 있다는 뜻이다. 이자율은 대부분 백분율로 나타내지만, 소수로 바꾸면 이자 합계를 구하기가 더 쉬워진다. 백분율은 '100으로 나눈 것'이라는 것을 잊지 말자. 그러니까 5%는 $\frac{5}{100}$ 또는 0.05이다.

여러분이 600파운드가 있는데 연이율로 5%의 이자를 받는다면 3년 뒤에 받는 이자는 얼마나 될까?

* **이자 = a×n×r**

a = 원금. 다른 말로 은행에 넣은 돈.
n = 시간(햇수)
r = 연이율(소수)

그럼 r = 0.05, n = 3, 그리고 a는 £600을 공식에 집어넣으면 3년 뒤 여러분이 받는 이자는 £600×3×0.05로 £90이다.

3년 후에 받는 총액은 얼마나 될까? 600파운드에 이자로 받은 90파운드를 더하면 690파운드가 되는데, 자동으로 구해 주는 공식이 있다.

* **원리합계**(단리 계산) **= a(1+n×r)**

> 친애하는 행운아 씨에게
> 오래전 실종된 당신의 큰삼촌 비글스 씨는 12년 전에 돌아가셨고, 당신을 위해 1500파운드의 예금 계좌를 남겼습니다. 이자율은 연 6.5%입니다.
>
> 질투에 가득 찬
> 범무법인 컴프와 세이션

훌륭한 비글스 삼촌을 봐서라도 공식을 적용하여 행운아 씨가 받게 될 돈을 계산해 보자.

a = 1,500이고, n = 12이다. r은 소수로 고치면, $6.5\% = \frac{6.5}{100} = 0.065$이다. 이제 공식에 숫자만 넣으면 된다.

합계 = £1,500(1+12×0.065)

힌트: 괄호 안의 숫자를 먼저 계산해야 하는데, 그중에서도 곱하기나 나누기를 먼저 한다.

합계 = £1,500(1+0.78) = £1,500(1.78) = £2,670

비글스 삼촌이 남긴 1,500파운드에 이자가 붙어서 2,670파운드가 되었다.

이 원리금 계산에서 여러분이 알게 된 한 가지는 은행에서는 항상 1년에 한 번 정해진 날짜, 즉 6월 30일에 이자를 준다는 사실이다. 만약 지난 주 6월 23일에 돈을 맡겼다면, 1년이 되지 않은 걸로 계산해서 1년의 $\frac{1}{52}$인 일주일 치의 이자만을 준다. 6월 23일 100파운드를 맡겼고 이자율이 4%라고 하면, 6월 30일에는 $£100(1+\frac{1}{52}\times 0.04)$로 계산해서 100파운드에 약 8

펜스 정도가 더해진다.

더 많은 돈을 주는 복리!

비글스 삼촌이 준 1,500파운드가 12년 만에 2,670파운드가 된 것은 썩 좋은 결과가 아니다. 실제로는 그것보다 더 많이 받을 수 있기 때문이다.

운 나쁘게도 비글스 삼촌은 빙키 씨의 은행에 돈을 맡겼다. 이 은행 직원들은 모두 멋진 신사였지만 안타깝게도 단리 계산만 할 줄 알았다. 다시 말해 비글스 삼촌은 1,500파운드를 은행에 맡겼고 은행에서는 해마다 1,500파운드에 6.5%의 이자만 쳐줬다는 뜻이다. 그러니까 해마다 이자로 £1,500×6.5% = £97.50를 받는다. 12년 뒤에는 12×£97.50 = £1,170의 이자를 받는다.

그런데 이것은 잘못된 계산 방법이다! 첫 번째 해에 97.50파운드를 이자로 받았으므로 두 번째 해에는 1,500파운드가 아니라 1,597.50파운드가 은행에 있는 것이다. 그러니까 두 번째 해에는 1,500파운드에 대한 이자를 받는 것뿐 아니라 추가된 97.50파운드에 대한 이자도 받아야 한다. 이는 곧 이자에 대한 이자도 받아야만 한다는 뜻이다. 세 번째 해에는 첫 번째 해의 이자에 대한 이자뿐 아니라, 첫 번째 해의 이자가 보태진 두 번째 해의 돈에 대한 이자까지 받아야 한다. 12년 동안 이자에, 이자에, 이자에, 이자까지 붙은 돈……. 종합해서 생각해 보자.

이자에 이자가 붙는 것을 '복리'라고 하는데, 좀 더 공정한 계산 방법으로 대부분의 은행이 이를 따르고 있다. 처음 몇 년 동안 어떻게 이자가 계산되는지 다음에 소개한다.

		복리 이자	예금액 합계
예금한 돈	£1,500		£1,500
첫 번째 해의 이자	£1,500 × 6.5% =	£97.50	
첫 번째 해의 합계	£1,500 + £97.50 =		£1,597.50
두 번째 해의 이자	£1,597.50 × 6.5% =	£103.84	
두 번째 해의 합계	£1,597.50 + £103.84 =		£1,701.34
세 번째 해의 이자	£1,701.34 × 6.5% =	£110.59	
세 번째 해의 합계	£1,701.34 + £110.59 =		£1,811.93

지금쯤 여러분은 비글스 삼촌이 준 1,500파운드가 복리 6.5%로 12년 뒤에 얼마가 되는지 계산하는 것을 거의 포기하고 있었을 것이다. 하지만 고맙게도 여기 특별한 공식이 있다.

* 원리합계(복리 계산) = $a(1+r)^n$

a = £1,500, r = 6.5% 그리고 n = 12. 이제 계산해 보자.
총액 = £1,500$(1+0.065)^{12}$
     = £1,500$(1.065)^{12}$
     = £1,500 × 2.129
     = £3,193.64

이럴 수가! 비글스 삼촌이 빙키 은행에 단리 대신 복리로 맡겼다면 2,670파운드 대신 3,193.64파운드를 받았을 것이다. 이자에 또 이자가 붙어봤자 얼마 안 되는 것 같겠지만, 12년 동안이나 쌓여서 523.64파운드나 불어난 것이다. 빙키 은행에서 받아야만 했던 그 돈이 어떻게 되었는지 궁금하지?

기하급수적 이자… 그래서 더 많은 돈들!

누군가 여러분에게 100만 파운드를 생일 선물로 주었다고 하자. 여러분은 그 돈을 은행에 맡겼고, 이자율은 1년에 7%이다. 1년 뒤에 여러분이 받을 것으로 예상되는 이자는 100만 파운드의 7%인 7만 파운드이다.

그러나 실제로는 그것보다 더 많이 받아야 한다.

여러분은 100만 파운드에 대한 7%의 이자만 받았다.

이것은 불공정한 것으로 7만 파운드의 이자는 그해의 마지막에 커다란 덩어리로 한 번에 벌어들인 게 아니라, 12개월에 걸쳐서 차곡차곡 쌓인 것이기 때문이다. 1년은 365일이니까, 첫날의 이자율은 $7\% \times \frac{1}{365}$ = 0.019178%이다. 별로 많아 보이지 않지만 여러분은 100만 파운드를 가지고 있었으니까 첫날이 지나면 추가로 191.78파운드가 생긴다. 이 191.78파운드도 여러분의 돈이고 1년이 될 때까지 나머지 364일 동안 은행에 고스란히 보관되어 있으니 그것에 대한 이자도 받아야 한다.

그러므로 두 번째 날에는 여러분의 돈 100만 파운드의 0.019178%를 받아야 하고, 거기에 더해서 이자 191.78파운드의 이자, 즉 0.019178%의 이자율을 적용한 약 $3\frac{1}{2}$ 펜스를 받아야 한다. 셋째 날에는 당신의 돈 100만 파운드에 대한 이자에다가 191.78파운드에 대한 이자가 더해지고, 거기에 또 $3\frac{1}{2}$ 펜스에 대한 이자까지 더해진 돈을 받아야 한다. 이제 표를 살펴보자.

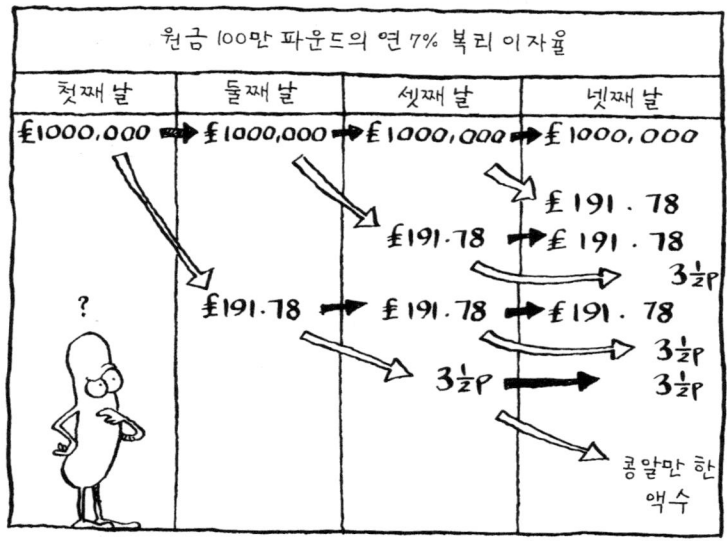

각 날짜 아래에는 은행에 있는 여러분의 돈을 모두 더한 합계가 적혀 있다. 두 개의 화살표가 이어지고 있는 게 보일 것이다. 검은 화살표는 다음날에도 그 돈이 계속 있다는 것을 보여 주고, 하얀 화살표는 새로 이자가 도착했다는 것을 알려 준다.

보통 이자를 받는 방식과 다른 것은 아주 작지만 $3\frac{1}{2}$ 펜스가 추가된다는 것이다. 적은 것 같지만 여러분이 100만 파운드를 가지고 있다면 따져 볼 만한 액수이다. 셋째 날에 $3\frac{1}{2}$펜스의 이자가 도착했다. 넷째 날에는 $3\frac{1}{2}$펜스의 이자가 2개 더 도착했다. 전에 있던 것까지 해서 $3\frac{1}{2}$펜스는 3개가 되었다. 모두 $3\frac{1}{2} \times 3$이 된 것이다. 다섯째 날에는 $3\frac{1}{2}$펜스가 3개 더 도착하고 여섯째 날에는 4개 더, 365일의 마지막 날에는 $3\frac{1}{2}$펜스가 363개 더 생기게 된다. 다음에 나오는 표를 보면 $3\frac{1}{2}$펜스가 어떻게 쌓이는지 알 수 있다. 일단 수상한 칸의 내용은 무시할 것!

날짜	3	4	5	6	7	8		365
추가로 얻은 $3\frac{1}{2}$P의 개수	1	2	3	4	5	6	…	363
지금까지 얻은 $3\frac{1}{2}$P의 합계	1	3	6	10	15	21	…	66066
수상한 칸	0	1	4	10	20	35	…	

먼저 '지금까지 얻은 $3\frac{1}{2}$펜스의 합계'라고 적힌 칸을 주목하자. 1-3-6-10……. 믿을 수 없다. 삼각수가 또 나타났다! 생각이 안 난다면 20쪽을 다시 한 번 살펴보자. 삼각수 공식을 쓰면 1년의 마지막 날에 $3\frac{1}{2}$펜스가 몇 개나 되는지 알 수 있다. 363번째 삼각수는 다음과 같다.

$$T_{363} = \frac{363 \times 364}{2} = 66{,}066$$

와우! 그해의 마지막 날까지 추가로 생긴 $3\frac{1}{2}$펜스가 66,066개가 돼서 2,312.31파운드가 되었다. 그래서 은행은 여러분에게 더 많은 돈을 주어야 한다.

191.78파운드에 대한 하루 이자로 $3\frac{1}{2}$펜스가 더 생긴다고 계산했는데 이 값은 근사값이다. 참값은 3.678펜스이고 3.678펜스의 66,066배는 2,429.91파운드이다. 100파운드보다 훨씬 많다! 때로는 1페니도 안 되는 적은 액수라도 계산할 가치가 있다는 것을 잊지 말자. 더 많은 돈을 여러분이 받을 수 있다.

다시 '기하급수적 이자' 표로 돌아가 보자. 그런데 여러분은 매일 3.678펜스에 붙은 콩알만 한 이자인 0.000705펜스를 구하려고 애쓰지 않아도 된다. 첫 번째 콩알만 한 이자는 넷째 날에 나온다. 그럼 다섯째 날에는 '콩알'이 얼마나 되었을까? 넷째 날에는 은행에 $3\frac{1}{2}$펜스가 3개 있다. 그리고 다섯째 날에 콩알만 한 이자가 더 생기고, 게다가 우리는 넷째 날에 이미 받은 콩알들도 있다. 이 말은 다섯째 날까지 생긴 콩알들이 3+1=4개가 된다는 뜻이다.

이제 표에서 '수상한 칸'을 살펴보자. 이것은 콩알만 한 이자들이 쌓인 것을 뜻한다. 넷째 날과 다섯째 날에는 1과 4라고 적혀 있다. 여섯째 날에는 10개의 콩알들이 있는데 화살표를 보면 그전까지 이미 받았던 4개의 콩알에 다섯째 날에 추가로 받은 콩알이 더해진 것을 알 수 있다. 여기서 우리가 '수상한 칸'을 따라가면서 삼각수를 계속 더하면 사면체수가 만들어진다.

잘 모르겠다면 22쪽을 다시 살펴보자. 콩알만 한 이자는 넷째 날이 되어야 나오기 때문에 그해의 콩알들 합계는 362번째 사면체수이다. 여기 사면체수 공식이 있다.

* n번째 사면체수 = $\dfrac{n^3+3n^2+2n}{6}$

n을 362로 바꾸면 이렇게 된다.
콩알만 한 이자의 개수 = $\dfrac{362^3+3\times362^2+2\times362}{6}$ = 7,971,964
그래서 여기에 0.000705펜스를 곱하면 이자에, 이자에 이자가 붙어서 56.20파운드가 된다. 그럼 그해의 마지막에 우리가 받게 될 돈은 모두 얼마일까?

처음 맡긴 원금	£1,000,000
원금에 붙은 이자	£70,000
이자에 붙은 이자	£2,312.31
이자에 이자에 이자가 붙은 것	£56.20
	합계 = £1,072,368.51

어때, 괜찮지? 그러니까 실제로 여러분은 그것보다 조금 더 받았어야 하는 것이다.

물론 이자에, 이자에, 이자에, 이자에 또 이자에……. 이것도 구할 수 있다. 하지만 100만 파운드를 은행에 맡겼을 때에 361번째 사면체수와 그 답에 매일 생기는 0.000705펜스에 대한 이자(그 값은 0.0000001352펜스)를 곱한 값을 더하는 그런 귀찮은 일을 하고 싶지는 않을 것이다.

또한 언제 여러분의 돈을 은행에 맡길 것인지도 중요하다. 하루에 이자가 190파운드라면 한 시간 동안의 이자는 7.90파운드이다. 분명히 두 번째 시간까지 새로 생긴 이자 7.90파운드에 대한 이자도 받고 싶다고?

아마 여러분의 계좌를 1분, 아니 1초 단위로 따져 보고 싶을 것이다. 하지만 일단 참자. 여러분의 걱정거리에 대한 답이 여기 있으니까. 1초부터 시작해서 1년까지 전 기간 동안 이자에, 이자에, 이자에 또 이자에……. 아주 작은 눈곱만 한 비율까지도 구할 수 있는 '잘난' 공식이 있으니까. 그 공식을 위해 팡파르를 울리고 파티를 열자. 그런데 왜 '잘난' 공식이라고 하냐고?

* **은행 예금의 총합계 = ae^{rn}**

a = 원금(처음 예금한 액수)
n = 연수
r = 이자율(소수)
e = 2.718281828459…

똑똑한 녀석 e는 이상한 숫자들 중 대표 선수쯤 된다. 소수로 나타내면 끝없이 이어지는데 뒷자리까지 모두 쓸 필요는 없다. e를 우아하게 표현하면 '자연대수의 기초'라고 할 수 있다. 사실 e는 여러분의 100만 파운드처럼 빨리 그리고 크게 증가하는 수치를 계산하는 데 매우 유용하다. 첫째 날에 191.78파운드 이상이 늘었고, 다음 날에는 $191.81\frac{1}{2}$파운드 이상이 늘어나는 등 여러분의 돈은 빠른 속도로 불어날 것이다. 'e'는 동물이나 식물의 변화를 알아내는 데도 쓸 수 있는데, 몸 전체가 점점 더 빨리 자라고, 수확량도 점점 많아지기 때문이다. 나의 책인 《이상야릇 수의 세계》를 보면 'e'에 대해서 더 잘 알 수 있으니 궁금하면 찾아보도록! 이제 공식을 써서 우리의 100만 파운드가 이자율 7%로 1년 동안 얼마나 증가하는지 알아보자.

a=£1,000,000

r=0.07

n=1

합계=£1,000,000×2.7182818$^{0.07 \times 1}$

이 계산을 여러분의 머리로 하고 싶지 않다면 e^{x}버튼이 있는 계산기를 이용하자. 2.7182818$^{0.07}$을 구하려면 e^{x}와 0.07버튼을 누르면, 1.072508181이 나온다. 이제 £1,000,000×1.072508181을 하면 계산 끝!

합계= £1,072,508.18

97쪽에서 구했던 합계는 1,072,368.51파운드이었지만 이자에 또 이자가 붙고, 또 이자가 붙어서 1년 내내 10억분의 1초만큼의 이자까지 구해 보니 140.30파운드가 더 생겼다.

은행이 부자 되는 법

은행은 돈을 보관하는 것을 더 좋아하지만, 가끔은 사람들에게 빌려 주기도 한다. 그들은 스스로 돈을 불리는 비법을 갖고 있는데 매우 간단하면서도 훌륭하다. 맡긴 돈에는 낮은 이자율을 적용하여 이자를 주고, 돈을 빌려 줄 때는 높은 이자율로 이자를 받는 것이다. 절대 손해 보지 않는 장사를 하는 셈이다.

예를 들어 거트루드가 은행에 100파운드를 맡기면 5%의 이자율로 이자를 주고, 애거서가 은행에서 100파운드를 빌리면, 7%의 이자율로 이자를 내게 한다. 우리가 이 장을 시작했던 첫 부분, $p = s - c$로 돌아가 보자. 거트루드와 애거서가 동시에 100파운드를 맡기고 100파운드를 빌린다면, 은행은 거트루드에게는 5파운드를 주고 애거서에게는 7파운드를 받으므로 이익은 $p = £7 - £5 = £2$이다. 아무것도 들이지 않고 2파운드를 벌었다.

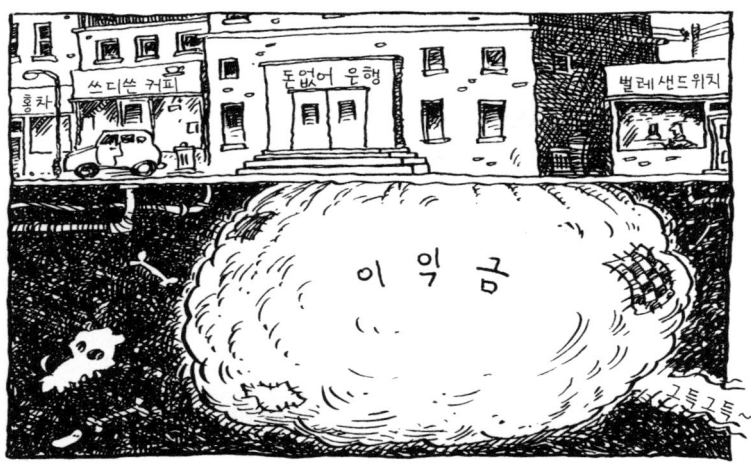

말했던 대로 아주 확실한 장사이다.

요일 알고리즘

어떤 특정한 날의 요일이 궁금했던 적이 한두 번은 있을 것이다.
- 할머니가 태어난 날
- 2500년도의 크리스마스
- 오늘은?

지금 퐁고 맥휘피는 잊혀져가는 오래전 사랑의 기억을 되살리려 노력하고 있다. 여러분도 퐁고처럼 이런 종류의 문제로 고민한 적이 있었을 것이다.

놀랍게도 그날이 며칠이든 간에 요일을 알아내는 방법이 있다. 특별한 알고리즘을 이용하면 되는데, 알고리즘이란 여러분이 해야 할 일들을 대신 해 줄 멋진 공식을 뜻한다. 알고리즘에는 간단한 공식들이 몇 개 포함되어 있지만 이를 이용하면 골칫거리들을 쉽게 해결할 수 있다.

* 요일 = (날짜 + y + $[\frac{31m}{12}] + [\frac{y}{4}] - [\frac{y}{100}] + [\frac{y}{400}]$) MOD 7

멋지지? y와 m이 어디서 왔는지, 이 특이한 [ ] 괄호와 MOD7이 무슨 뜻인지 금방 알아채겠지만 이 공식이 다른 문제들을 어떻게 처리해 주는지 안내문을 먼저 보자고.

30일 또는 31일? 알고리즘에서는 4월, 6월, 9월, 11월은 30일까지 있고, 다른 달은 2월을 빼면 31일까지 있다고 계산한다. 공식에 있는 [$\frac{31m}{12}$] 항목은 이것을 뜻한다.

2월이 29일까지라고? 이것은 참 골치 아픈 항목이다. 2월은 대개 28일이지만 윤년에는 29일까지 있기 때문이다. 처리 과정에서 f는 이 문제를 해결해 준다.

윤년이 언제라고? 윤년은 1800년처럼 새로 100년이 시작될 때 말고는 4년마다 돌아온다. 하지만 한 세기가 시작되는 해라도 그해가 400으로 나누어지면 윤년이다. 그래서 2000년은 윤년이지만 2100년은 윤년이 아니다. 계산은 이렇게 하면 된다. [$\frac{y}{4}$]−[$\frac{y}{100}$]+[$\frac{y}{400}$].

윤년이 골치 아프게 느껴지겠지만 알고리즘에는 그것보다 더 큰 골칫거리가 있다는 것을 알아 두자. 알고리즘은 소수나 분수를 쓰는 것을 피해야만 하기 때문이다. 여러분이 '월요일. 741' 이나 ' $\frac{1}{2}$ ×목요일' 에 태어났다고 한다면 좀 이상해 보일 것이다. 그래서 알고리즘은 INT와 MOD라는 꽤 색다른 수학적 방법을 쓰고 있다.

INT는 정수 나눗셈을 말하는데 게으른 사람들에게는 정말 좋은 방법이다. 정수는 범 자연수의 하나로 정수 나눗셈을 할 때는 답도 범 자연수로 써야 한다. 어려워 보이지만 간단하다. 분수 계산에서 남은 부분이 생겼을 때, 답에 올려줘야 할까 말까를 고민할 필요 없이 과감하게 버리면 된다. 정수 나눗셈을 어디에 사용하는지 꺽쇠 괄호 [ ]를 써서 소개하겠다.

여러분이 평소처럼 $\frac{14}{5}$ 를 계산하면 그 값은 2.8이다. 하지만 [$\frac{14}{5}$]의 답을 구하면 2이다. 왜냐하면 [ ]는 소수를 버리라는 뜻이기 때문이다. 특별히 알아 둬야 할 것은 다음에 나오는 것이다. $\frac{5}{8}$ 은 정상적인 계산법으로는 0.625이지만 [$\frac{5}{8}$] = 0이다. 소수는 완전히 무시해야 하므로, 아무것도 없는 '0'이 된다.

계산기 이용하기

INT 버튼이 있는 계산기를 통해 알아보자. 만약 여러분의 계산기에 INT 버튼이 없다면, 톱만 있으면 되니 걱정하지는 말 것. 그럼 나눗셈을 통해 더 알아보면, [$\frac{47}{3}$]은 47÷3이므로 답은 15.6666……이다. 이제 톱으로 계산기의 소수점 부분을 싹둑 잘라 버리자. 그러니까 소수점 뒤의 숫자들을 모두 버리라는 뜻이다. 그러면 왼쪽

에 남은 숫자가 여기서 구하는 정확한 답이 된다.

MOD는 나머지 값을 말하는데 INT 와는 거의 반대되는 개념이다. 나눗셈을 하는 것은 같지만 이번에는 나머지에 관심을 가져야 한다. 만약 (14)MOD5가 보인다면, 이것은 14를 5로 나누라는 뜻이며, 몫은 2이고 나머지는 4이다. 하지만 MOD 에서는 2를 무시하고, 4를 더 중요하게 생각한다.

그러므로 (14)MOD5 = 4이다.

다른 것도 알아보면, (55)MOD6=1, (33)MOD20=13, (48)MOD8=0. 마지막 것은 48÷8을 하면 몫은 정확히 6이고 나머지는 없으므로 '0'이 답이다.

요일 알고리즘의 6단계

일단 f값을 계산하는 것부터 시작하자. 그다음에는 기다란 공식에 마지막으로 집어넣어야 하는 m과 y를 구하자.

1단계 여러분이 구하려는 날짜(1~31), 달(1~12), 연도(예: 1994) 중 고른다.

2단계 f = $[\frac{14-달}{12}]$

이것은 2월이 지났느냐 아니냐에 따라 달라진다. 달이 1월이나 2월이면 f는 1로 나오고, 그 나머지는 0이 된다. 예외는 없다.

3단계 y = 연도 - f

1월이나 2월이 아니라면, y는 연도와 똑같다.

4단계 m = 달 + 12f - 2

5단계 요일 = (날짜+y+$[\frac{31m}{12}]$+$[\frac{y}{4}]$-$[\frac{y}{100}]$+$[\frac{y}{400}]$)MOD7

MOD7에 진심으로 감사드린다. MOD7덕분에 이 공식에서는 답이 0, 1, 2, 3, 4, 5 또는 6만 나올 테니까.

6단계 숫자를 요일로 바꾼다.

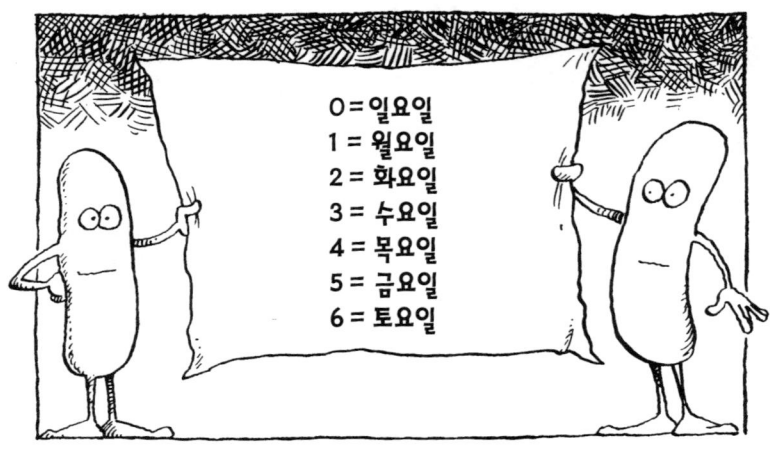

할머니 생신이 무슨 요일인지 알아놓은 다음에, 진짜 그 요일인지 실험 삼아 구해 보자.

할머니의 생신은 1931년 1월 19일이다. 시작!

1단계 날짜=19, 달(m)=1, 연도(y)=1931
2단계 $f = [\frac{14-달}{12}] = [\frac{14-1}{12}] = [\frac{13}{12}] = [1.0833] = 1$
3단계 y = 연도 − f = 1931−1 = 1930
4단계 m = 달+12f−2 = 1+(12×1)−2 = 11
5단계 요일

$= (날짜 + y + [\frac{31m}{12}] + [\frac{y}{4}] - [\frac{y}{100}] + [\frac{y}{400}]) MOD7$

$= (19+1930+[\frac{31 \times 11}{12}]+[\frac{1930}{4}]-[\frac{1930}{100}]+[\frac{1930}{400}]) MOD7$

$= (19+1930+[28.42]+[482.5]-[19.3]+[4.825]) MOD7$

$= (19+1930+28+482-19+4) MOD7$

$= (2444) MOD7$

2444를 7로 나누면 349가 나오고, 나머지는 1이다. MOD7은 나머지만 알면 되니까 답은 1이다.

6단계 목록을 확인하면 1931년 1월 19일은 월요일이다.

할머니 생신을 가지고 실험해 보았더니 답이 맞았다. 할머니는 월요일에 태어나셨다!

이 밖에도 연도와 날짜만 알고 있으면 얼마든지 그날의 요일이 무엇인지 알 수 있다.

2500년 크리스마스가 무슨 요일인지 알고 싶으면, 날짜 = 25, 달=12, 연도=2500을 집어넣어 계산해 보자. 차례로 하면 f=0이 된다. y=2500이고 m=10이다. 이것을 기다란 공식에 집어넣어 계산하자.

$(25+2500+[\frac{31 \times 10}{12}]+[\frac{2500}{4}]-[\frac{2500}{100}]+[\frac{2500}{400}])$ MOD7

= (25+2500+25+625−25+6) MOD7

= (3156) MOD7

3156÷7= 450이고 나머지는 6. 그러니까 2500년 크리스마스는 토요일이다.

경고!
역사를 공부하는 중이라면, 1753년 이전에는 달력 체계를 바꾸는 중이라서 빠진 요일도 있고, 요일도 뒤죽박죽이었다는 사실을 알아 둘 것.

순열, 조합 그리고 알려지지 않은 공식들

수학광들은 순열과 조합을 무척 사랑한다. 그들은 '!'라는 기호를 즐겨 사용하는데, 예를 들어 '4!'라고 하면 4×3×2×1=24와 같은 것으로 어떤 숫자부터 1까지 모두 곱한다는 의미이다. 또 흥미로운 사실 하나는 순열과 조합이 서커스 텐트 크기만 한 계산식을 만들어 낸다는 점이다. 그러나 너무 겁내고 두려워할 필요는 없다. 일단 계산을 시작하면 서로 약분되어서 모두 사라지니까.

순열 - 동전 뽑기 순서

순열은 어떤 물건들을 한 줄로 늘어놓았을 때에 서로 다른 배열이 몇 개가 되는지를 나타낸 것이다. 책에 나오는 가장 깔끔한 공식 하나를 살펴보자.

* 서로 다른 물건 n가지 뽑는 순열= n!

달리 스노우립스가 거리를 어슬렁거리는 험상궂고 수상쩍은 사나이를 경찰에 신고했다. 차우스키 형사는 수상쩍은 사나이를 조사하기 위해 용의자 5명을 불러들였다. 이때 용의자들이 줄 서는 방법은 모두 몇 가지일까?

답은 5!이다. 즉 $5 \times 4 \times 3 \times 2 \times 1 = 120$.

5! = 120가지

상대해야 할 대상이 모두 다르지 않을 때에 인생은 더 재미있어지는 법이다! 예를 들어 형사가 끌어낸 5명의 용의자 중 3명이 똑같은 광대 가면을 썼다면, 그들을 줄 세우는 방법의 가짓수는 줄어든다.

$\frac{5!}{3!}$ = 20가지

5명의 용의자가 모두 광대 가면을 썼다면 딱 한 가지 방법밖에 없다.

$\frac{5!}{5!} = 1$가지

여러 대상이 섞여 있을 때에 적용할 공식을 만드는 가장 쉬운 방법은 같은 것들끼리 묶는 것이다. 이번에는 달리가 누군가를 상해 혐의로 신고했고, 형사는 12명을 한 줄로 세우게 되었다. 5명은 광대 가면을 쓰고 있고, 2명은 토끼 가면, 3명은 커다란 선글라스에 대머리 가발, 둘은 변장하는 것을 잊어버려서 서로 각각 다른 모습이다.

* 같은 문자가 있는 순열 = $\dfrac{\text{대상 수의 합!}}{(\text{a그룹})! \times (\text{b그룹})! \times (\text{c그룹})! \times \cdots}$

용의자는 모두 12명이고 a그룹 5명, b그룹 2명, c그룹 3명, d그룹 1명, e그룹 1명이다. 이 숫자들을 공식에 집어넣어 계산하면 $\frac{12!}{5! \times 2! \times 3! \times 1! \times 1!}$이다. 1!은 1과 같기 때문에 용의자를 한 줄로 세우는 방법은 $\frac{12!}{5! \times 2! \times 3!}$ = 332,640가지이다.

큰 수처럼 보이지만 그렇지도 않다. 형사가 용의자들의 가면을 모두 벗겼다면 그들은 모두 다른 모습이므로 줄 서는 방법은 12! = 479,001,600가지이다.

'복권 번호와 카드' 고를 때의 조합

여러분이 서로 다른 카드 7장을 가지고 있고 그중에서 카드 4장을 고를 수 있다고 하자. 이때 여러분이 고른 카드 묶음을 '조합'이라고 부른다. 만약에 카드 순서가 중요하다면 카드를 고르고 배열하는 방법이 순열이고 다음과 같은 공식이 있다.

* 순열 = $_nP_r = \frac{n!}{(n-r)!}$

n = 여러분이 고를 수 있는 서로 다른 물건의 개수
r = 여러분이 고른 물건의 개수

이때 n = 7이고 r = 4이니까, 카드를 골라서 늘어놓는 방법의 가짓수 = $\frac{7!}{(7-4)!}$ = $\frac{7!}{3!}$ = 840.

순서가 중요할 때는 똑같은 카드 두 묶음이라도 따로 세어야 한다.

하지만 조합에서 순서는 별로 중요하지 않다. 위에 있는 카드 두 묶음은 하나의 조합으로 셀 것이다. 왜냐하면 카드 네 장이 모두 같기 때문이다. 이 방법은 여러분이 얻을 수 있는 조합수를 줄여준다. 여기 좀 더 일반적인 공식이 있다.

* 순서가 없는 조합의 수 = $\dfrac{n!}{r!(n-r)!}$

n = 여러분이 고를 수 있는 서로 다른 물건의 개수
r = 여러분이 고른 물건의 개수

그러니까 여러분이 카드 7장에서 4장을 고른다고 하면, 여러분이 고를 수 있는 서로 다른 조합의 가짓수는 = $\dfrac{7!}{4!(7-4)!}$ = $\dfrac{7!}{4! \times 3!}$ = 35가지이다.

다행히도 조합을 표기하는 단축어가 있다. "n개의 서로 다른 물건들 중에서 차례로 r개를 뽑을 수 있는 방법은 몇 가지일까?"라고 쓰는 대신, 여러분은 '$_nC_r$'이라고 쓰면 된다. 그래서 $_7C_4$ = 35라는 계산이 나온다. 이 공식을 사용하는 가장 대표적인 예가 로또 복권 숫자를 고를 때이다. 영국 사람들은 49개의 서로 다른 숫자 가운데 6개를 고를 수 있다. 여기서도 순서는 중요하지 않다. 사람들이 숫자를 고를 수 있는 방법은 $_{49}C_6$으로 $\dfrac{49!}{6! \times 43!}$ = 13,983,816가지이다.

이것들 중에서 1등은 딱 하나뿐이다. 이 말은 1등 숫자의 조합을 골라내는 기회는 13,983,816 가운데 1이라는 것이다. 그러니까 거의 1,400만 가운데 1명이 1등으로 당첨된다는 뜻이다. 진짜 놀랍지?

주사위 던지기에서 조합

카드나 로또 복권 숫자를 고를 때에 여러분의 조합에 나오는 카드나 숫자는 모두 다를 것이다. 하지만 같은 숫자가 하나보다 더 많이 나올 수 있다면 상황은 매우 달라진다. 주사위를 던질 때도 마찬가지이다.

주사위 4개를 던질 때 얼마나 많은 숫자 조합이 나올 수 있을까? 각각의 주사위에는 나올 수 있는 숫자가 6개나 있고, 주사위 4개는 당신을 위해 4개의 숫자를 골라 줄 것이다. 그러니까 n = 6이고, r = 4이다. 주사위 순서가 중요하다면 다음과 같은 공식이 성립한다.

* 순서가 있는 중복 순열의 수 = $_n\pi_r = n^r$

이 경우에 4개의 주사위에서 나올 수 있는 경우의 수는 $_6\pi_4 = 6^4 = 1,296$가지이다. 그러나 사람들은 주사위의 순서 따위는 거의 신경 쓰지 않는다. 중요한 것은 숫자들의 조합이다.

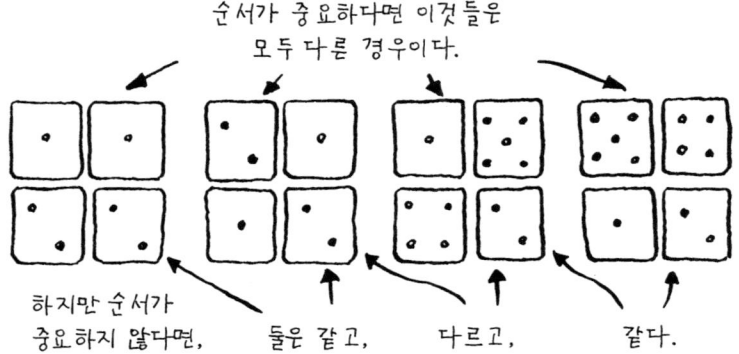

순서가 중요하지 않다면 주사위 묶음에서 얻을 수 있는 서로 다른 숫자 조합은 몇 가지일까? 답은 한 번도 보지 못한 새로운 공식에서 구할 수 있다. 여기 등장했으니 사진기를 준비하시라.

알려지지 않은 공식

* 순서가 없는 중복 조합의 수 =

$${}_nH_r = {}_{n+r-1}C_r = \frac{(n+r-1)!}{r!(n-1)!}$$

사진은 찍었나? 이것은 매우 진귀한 공식이니까 확실하게 하려면 증인이 있어야 할 것이다. 아무도 여러분이 이 공식을 봤다는 사실을 믿지 않으려 할 거니까. 신기하게도 이 공식은 꽤나 쓸모 있고 간단한 질문에 합리적인 답을 알려 주는데도, 다른 책 또는 심지어 인터넷에도 거의 나오지 않는다.

그래서 이 공식은 우리가 여기 실을 때까지 거의 완벽하게 감추어져 있었다.

주사위 4개를 던져서 시험해 보자. 앞에서 n = 6, r = 4라고 했으므로 4개의 주사위를 던져 나올 수 있는 서로 다른 조합의 수는 다음과 같다.

$$_nH_r = {_6}H_4 = {_{6+4-1}}C_4 = {_9}C_4 = \frac{(6+4-1)!}{4!(6-1)!} = \frac{9!}{4! \times 5!} = 126$$

이제 4개의 주사위에서 나올 수 있는 모든 조합의 수를 적어 보면서 공식을 확인해 보자.

1111 1112 1113 1114 1115 1116 1122 1123 1124 1125 1126 1133
1134 1135 1136 1144 1145 1146 1155 1156 1166 1222 1223 1224
1225 1226 1233 1234 1235 1236 1244 1245 1246 1255 1256 1266
1333 1334 1335 1336 1344 1345 1346 1355 1356 1366 1444 1445
1446 1455 1456 1466 1555 1556 1566 1666 2222 2223 2224 2225
2226 2233 2234 2235 2244 2245 2246 2255 2256 2266 2333 2334
2335 2336 2344 2345 2346 2355 2356 2366 2444 2445 2446 2455
2456 2466 2555 2556 2566 2666 3333 3334 3335 3336 3344 3345
3346 3355 3356 3366 3444 3445 3446 3455 3456 3466 3555 3556
3566 3666 4444 4445 4446 4455 4456 4466 4555 4556 4566 4666
5555 5556 5566 5666 6666

주사위가 만들어 내는 조합을 나타내는 공식은 많지만 여기에 소개한 공식은 물건들이 중복되고, 순서가 중요하지 않으면서 조합을 포함하는 것이라면 어떤 것이든지 다룰 수 있다. 아직까지 헷갈리지 않더라도 곧 그렇게 될 것이니 조심할 것! 새내기 수학자들이 페인트 상점에서 찾아냈으니까.

페인트 여섯 개가 모두 색깔이 다르다면 순수한 수학자들이 만들어낼 수 있는 서로 다른 색깔은 $_8C_6$ = 28가지이다.

다른 색깔의 페인트 통만 고르는 게 아니라서 그들이 만들 수 있는 색깔의 총수는 알려지지 않은 공식에서 구할 수 있다. 물론 섞는 순서는 중요하지 않다.

수학자들이 6개를 고를 수 있으니까 r = 6이고, 상점에는 8개의 색깔이 있으므로 n = 8이다. 공식을 쓰면 다음과 같다.

$$_8H_6 = {}_{8+6-1}C_6 = {}_{13}C_6 = \frac{(8+6-1)!}{6!(8-1)!} = \frac{13!}{6! \times 7!}$$

=1,716개의 서로 다른 색깔이 나올 수 있다.

비록 알려지지는 않았지만, 이 공식은 여기저기 쓸모가 많다. 하지만 운 나쁘게도 한 가지 경우에서는 쓸 수 없다. 여기 경고문이 있군. 당신이 분홍 페인트 세 통, 주황색 한 통, 은색 두 통을 섞으면 어떻게 되는지 보고 싶지 않다면 순수한 수학자들의 욕실을 피할 것! 왜냐하면 엄청 요란할 테니까.

절대 필요치 않을
평면과 입체에 관한 공식

이제 선택할 때가 왔다. 당신은 어떤 사람인가?
- 꽤 괜찮은 보통 사람?

그렇다면, 12쪽에 나왔던 평면과 입체에 대한 공식의 아기자기한 목록에 만족할 것이다. 고맙군.
- 〈앗! 시리즈〉 팬?

여러분이 그렇다고? 정말? 그렇다면 우리가 이미 알고 있는 짧은 목록으로는 모자랄 것이 분명하다. 그렇지? 물론 그럴 것이다. 필요한 것이 아주 많다. 아마 이런 끔찍한 질문들로 가득 차 있을 테니까.

우리는 여러분을 기다리게 해 놓고 그냥 떠나는 게 싫어서 공식으로 넘쳐나는 '오싹오싹 장'을 세 개 더 마련했다. 무척 유익하면서도 즐겁게 읽을 수 있을 것이 분명하다. 어떻게 나눠 놓았는지 여길 보자.

이 장은 여러분에게 필요한 선분으로 이루어진 평면 도형에 대해서 알려 준다.

직선으로 이루어진 입체 도형에 관해서 모두 알려 준다.

이 장에는 곡선으로 이루어진 평면이나 입체 도형은 어떤 것이든지 나온다.

물론 보통 사람들도 이 장을 꽤 반가워할 것이다. 하지만 경고하겠는데 여러분이 여기서 발견한 공식은 앞으로 전혀 써 먹지 못할 수도 있다.

다각형 공식

다각형은 세 개 혹은 그 이상의 선분으로 이루어진 평면 도형으로, 그 각각의 도형은 모두 서로 다른 공식들을 만들어 낸다.

앞으로 나올 기호에 대한 안내

a, b, c, d(변의 길이) – 보통 소문자로 쓴다.
A, B, C, D(각) – 보통 대문자로 씀.
p(둘레) – 변의 길이를 모두 더한 것. 목장을 둘러싼 울타리의 길이가 얼마나 되는지를 구할 때 편리하다.

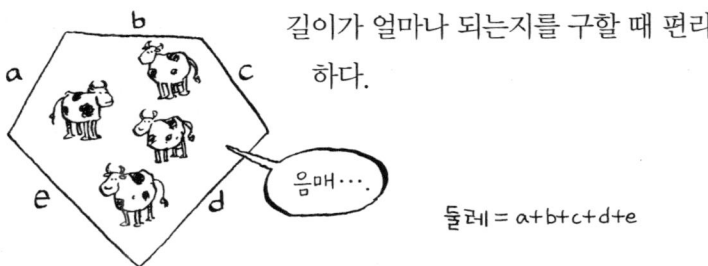

둘레 = $a+b+c+d+e$

* 둘레 = 변의 길이를 모두 더한 것

s(반둘레) – 둘레의 반을 구한다. 이것은 목장 둘레에 울타리를 세울 때에 쓸모가 없다. 소들이 바로 달아나 버릴 테니까.

반둘레 = $\frac{1}{2}(a+b+c+d+e)$

* 반둘레 = $\frac{1}{2}$ × 모든 변 길이의 합

 여러분은 반둘레가 인생을 복잡하게 만들 뿐, 무의미한 것이라고 생각할 것이다. 하지만 반둘레는 생각지도 못한 곳에 나타나는 무시무시한 습성이 있다. 여러분의 소도 탈출한 다음에 생각지도 못한 곳에 나타나는 이상한 버릇이 있는 것처럼. 그러니까 조심하자.

 R(외접원의 반지름) – 외접원이란 평면 도형의 바깥쪽을 둘러싸고 있는 가장 작은 원을 말한다. 여러분이 라비누스 라자 식당에 카레를 먹으러 가서 가장 큰 직사각형 모양의 식탁에 앉았다고 치자. 지배인 쿠마르는 딱 식탁 위만 덮을 수 있는 크기의 원형 식탁보를 갖고 있다. 이 식탁보가 바로 외접원의 크기와 같다.

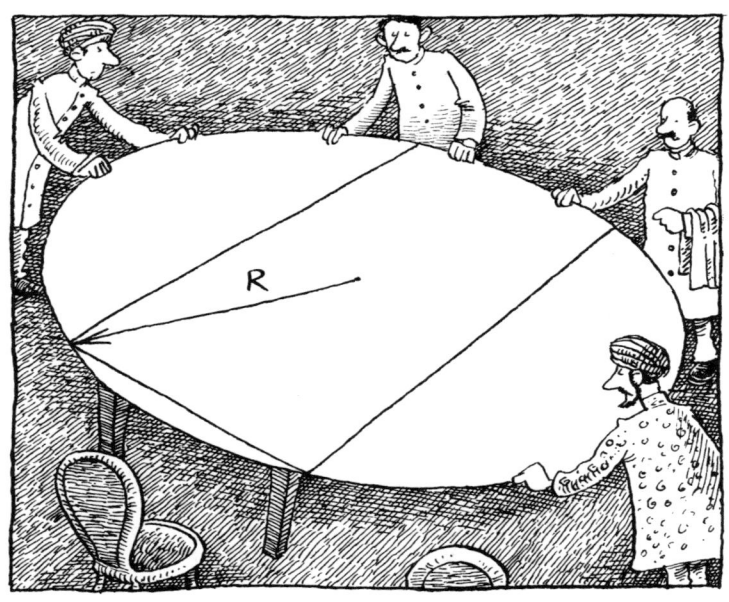

직사각형이나 정사각형에서 R은 $\frac{1}{2}$ ×대각선의 길이이다.

* **R**(직사각형의 외접원의 반지름) = $\frac{\sqrt{a^2+b^2}}{2}$

r(내접원의 반지름) - 내접원은 도형 내부에 딱 맞게 그릴 수 있는 가장 큰 원을 말한다. 지배인에게 특제 도미 요리를 주문하면 식탁 가장자리를 벗어나가지 않는 딱 맞는 크기의 접시에 요리를 담아 나온다. 이것이 내접원의 크기다.

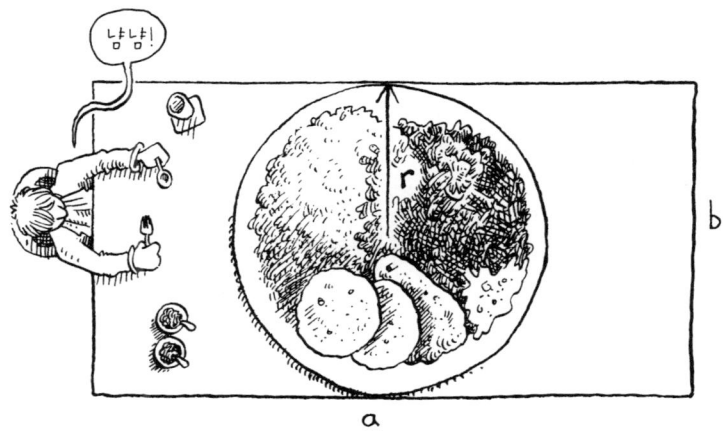

직사각형에서는 '$\frac{1}{2}$ × 짧은 변의 길이'가 r이라는 것 말고는 r에 대한 공식이 많지 않다. 하지만 지배인의 테이블이 정사각형이고 모든 변의 길이가 a와 같다면 보다 정돈된 결론이 나온다.

* 정사각형의 대각선 길이 = $a\sqrt{2}$, 이것은 $\sqrt{2}$ ×a와 같은 뜻이다.

* R(정사각형의 외접원의 반지름) = $\dfrac{a}{\sqrt{2}}$

* r(정사각형의 내접원의 반지름) = $\dfrac{a}{2}$

이제 라비누스 라자 식당을 떠날 때가 됐다. 맛있는 인도 빵 포파돔도 얻었으니 우리는 떠나기만 하면 된다.

정다각형의 공식

정다각형은 여러 개의 선분으로 이루어져 있으며 선분의 길이와 내각의 크기가 모두 같다. 단, 정사각형은 정다각형이지만 직사각형은 정다각형이 아니다. 리브 씨가 정오각형을 그렸다. 이 공식들은 정다각형의 변에 대해서는 무엇이든지 알려줄 것이다.

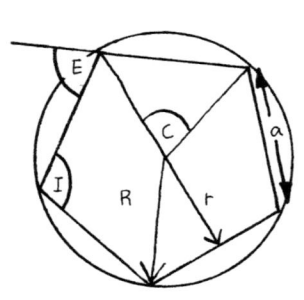

a = 한 변의 길이
n = 변의 개수
R = 외접원의 반지름
r = 내접원의 반지름
E = 외각
I = 내각
C = 중심각

여러분이 a와 n만 알고 있다면, 알고 싶은 것이 무엇이든지 이 공식들을 쓸 수 있다.

* 중심각 = 외각 = $\dfrac{360}{n}$

* 내각 = $\dfrac{n-2}{n} \times 180$

* R(외접원의 반지름) = $\dfrac{a}{2 \times \sin\left(\frac{180}{n}\right)}$

* r(내접원의 반지름) = $\dfrac{a}{2 \times \tan\left(\frac{180}{n}\right)}$

* 넓이 = $\dfrac{na^2}{4\tan\left(\frac{180}{n}\right)}$

오호! 한참 전에 삼각비, 즉 *sin*(사인)과 *tan*(탄젠트)가 나올 것이라고 한 것이 생각날 것이다. *cos*(코사인)이라는 것이 하나 더 있는데 곧 나올 것이다. 삼각비는 무척 멋진 녀석이라서 224쪽이나 되는 《섬뜩섬뜩 삼각법》에서 다루고 있으니 궁금하면 찾아보시길!

* *sin* 공식 = $\dfrac{a}{\sin A} = \dfrac{b}{\sin B} = \dfrac{c}{\sin C}$

* *cos* 공식 $\cos A = \dfrac{b^2 + c^2 - a^2}{2bc}$ 또는

$a^2 = b^2 + c^2 - 2bc \cos A$

하지만 여러분에게 필요한 공식을 만드는 데 도움이 안 되는 것들을 책장을 넘겨가면서 과감히 지웠더니 금방 마지막 페이지에 이르고 말았다. 우리는 이제 다음에 나오는 작은 네모 칸 안에 든 것만 남겨 두게 되었다.

> ### ★ 요건 몰랐을걸!
>
> *sin, cos, tan*는 어떻게 구할까?
> 여러분에게 사인, 코사인, 탄젠트 버튼이 있는 계산기가 필요하다. 이것들은 각을 비율로 바꾸는 역할을 한다. $sin28°$를 구하기 위해 sin28 버튼을 누르면 0.469 비슷한 값이 나온다.
> sin^{-1} cos^{-1} 또는 tan^{-1}이 나오면 다른 방법으로 하면 된다. 다시 말해서, 비율을 각도로 바꿔 줘야 하는 것인데, 이때에는 INV 버튼을 누르면 된다. 이것은 때때로 시프트 버튼이나 두 번째 기능 버튼에 표시되어 있다.
> tan^{-1} 0.82를 구하려면 INV tan 0.82를 누르면 $39.35°$가 나온다.

생각지도 못했겠지만 사인, 코사인, 탄젠트로 된 공식은 약간 어렵다. 하지만 걱정하지는 말자. 여러분에게 삼각비가 필요해질 때보다는 전기톱을 가진 돼지와 맞닥뜨리는 것이 훨씬 더 그럴듯한 일일 테니까. 그러니 긴장을 풀자. 큰 의자에 등을 기대고 앉아서, 책상에 발을 올리고, 비서에게 음료수와 쿠키를 갖다 달라고 종을 울린다.

눈을 감고 꿈속에서 다각형 문제를 푸느라 침을 꿀꺽 삼킨다. 문제 풀기에 정신이 팔려서, 건너편 방에서 쿵쾅거리는 요란한 소리가 나는 것도 듣지 못한다. 그러나 눈이 감겨 있고 귀가 들리지 않더라도, 방울 양배추의 지독한 냄새가 코를 찌르자 깨어나고 말았다. 놀라서 눈을 뜨니 입구에 전기톱을 든 돼지가 마구 날뛰는 것이 보인다.

"오, 안 돼!" 여러분은 냄새의 정체를 알아채고는 한숨을 쉰다. 돼지가 아니다.

"그래!" 악마의 목소리가 다가온다. 저주받은 것! 교활한 적, 찰거머리 박사가 얼굴에 더러운 웃음을 띠며 방으로 들어온다.

"하하, 음료수랑 쿠키를 기다리던 게 너였어? 내가 너에게 줄 악마의 도전장을 가져왔지. 네가 이것을 풀지 못하면, 음료수 빨대에 매듭을 묶어서 음료수를 빨아 먹을 때마다 힘들어서 머리가 움푹 파이도록 해 주겠네."

얼마나 끔찍하던지. 차갑게 노려보았지만 박사는 문이 정확하게 팔각형 모양으로 바뀐 것을 가리키며 옆으로 걸어온다. 얼른 보니 8개의 각 변은 정확히 0.7m이다.

"잘 했어. 나의 믿음직스러운 하인!"

박사가 돼지의 머리를 쓰다듬는다. 유심히 보니 박사가 말할 때마다 그의 더러운 웃음이 교활한 웃음으로 바뀐다.

"당신이 해야 할 일은 문의 가장 긴 대각선을 구하는 거야."

박사가 간사하게 웃었다.

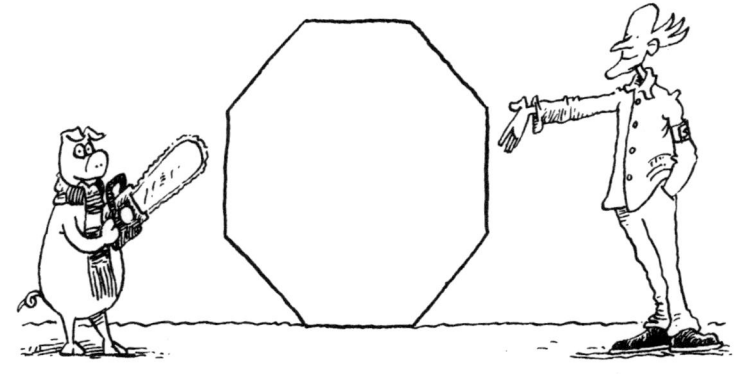

"푸하, 간단하군!" 여러분이 중얼거린다. 아주 꼼꼼하게 팔각형과 외접하는 원을 그린다. 원의 반지름은 R이고, 가장 긴 대각선 x는 딱 한가운데를 지나므로 x=2×R이다. R= $\frac{a}{2 \times sin(\frac{180}{n})}$ 라는 것을 알고 있으므로 여기에 2를 곱하면 답이 나온다.

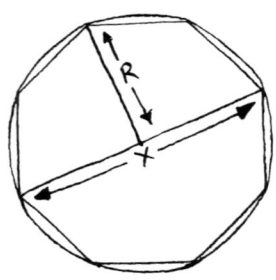

* 변이 짝수 개인 정다각형의 가장 긴 대각선의 길이 = $\frac{a}{sin(\frac{180}{n})}$

결국 이 사인 공식들 중 하나를 사용해야만 하니 할 일은 다음과 같다. a=0.7, n=8이라는 것을 알고 있으니, 문자들을 숫자로 바꾸면 $\frac{0.7}{sin(\frac{180}{8})}$ 이 나온다. 먼저 작은 괄호를 계산하면 $\frac{180}{8}$=22.5이다. 이제 계산기를 들고, 0.7÷$sin22.5$를 누르면, 그 박사에게 답이 1.829m라고 말할 수 있다. 여러분의 음료수 빨대는 무사하다.

"발싸개 주스나 홀짝거려!" 박사가 투덜거린다. 왜 그는 졌을까? 박사가 여러분에게 이겼다고 생각한 순간, 여러분은 간단한 공식을 써서 승리를 거뒀다. 하지만 당신이 곰곰이 이 영광의 순간을 생각하고 있을 때에 더 큰 일이 일어났다. 몇 초 뒤에 보니, 이제 문이 7각형이다. 각 변은 여전히 0.7m이다.

"지금 저기서 가장 긴 대각선 길이는 얼마지?" 박사가 의기양양해져 킬킬거린다.

"이것을 틀리면 네 과자를 납작하게 부스러뜨릴 것이고, 넌 그것을 빨대로 빨아 먹어야 할 거야."

오, 이런! 이것은 좀 만만치 않아 보인다. 공식을 사용해서 R

을 구한다 해도, 0.806m가 된다. 그리고
가장 긴 대각선 x는 원의 한가운데를 지
나지 않는다. 그러니까 2R 보다 약간 작
다는 것이다. 이거 좀 어려운 걸. 하지만
운 좋게도 여러분에게는 박사에게 없는
것이 있다. 바로 친절한 친구!

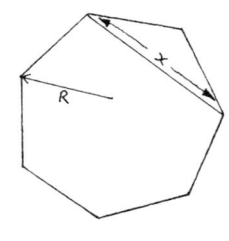

사실 이 책이 처음 나왔을 때에 우리가 이 문제를 해결하기 위해 갖고 있던 원래의 공식은 그 크기나 모양이 거의 탈곡기만 한 것이었다. 다행히도 우리의 공식 전문가가 공식을 잘라 낼 수 있다는 것을 알았다. 킴턴 씨와 윈치 씨의 번뜩이는 두뇌에 감사드리며, 이제 우리는 주머니에 들어갈 만한 크기로 작아진 공식으로 찰거머리 박사를 한 방에 날려 버리자.

* 변이 홀수 개인 정다각형의 가장 긴 대각선의 길이 =
$$\frac{a}{2 \times sin(\frac{90}{n})}$$

이제 a = 0.7, n = 7을 집어넣기만 하면 된다. 숫자들을 세탁기에 집어넣은 다음에 회전 속도를 '우아함'에 맞춰 돌린 후, 빨랫줄에 널고 답을 발표하면 된다.

찰거머리 박사는 화가 머리끝까지 나서 꽥꽥 고함을 지르더니, 돼지가 들고 있는 전기톱을 잡아챘다. 그러고는 온갖 악담

을 퍼부으면서 문을 난도질해 13각형으로 만들어 버렸다. 마침내 의기양양해진 박사는 심술궂고 교활한 웃음을 지으며 뒤로 물러났다. 그는 몰랐겠지만 그의 입은 문이랑 똑같은 13각형 모양이었다. 13개의 변은 모두 길이가 다르고, 각의 크기는 그 야말로 생각하기도 끔찍할 정도이다. 문은 최악의 상황이다.

"이제 다 한 건가?" 여러분이 묻는다.

"아직 아냐!" 그는 말을 끝내고서 망치를 잽싸게 휘둘러 계산기를 박살내 버린다. "이제 문에서 가장 긴 대각선의 길이를 구할 수 있는지 보자고! 하하하."

10초 정도 지났을 무렵에 "가장 긴 대각선의 길이는 1.67m." 여러분이 자신에 찬 목소리로 말한다.

저주의 콧물을 훌쩍이면서 그 사악한 박사는 뒤돌아 가 버렸다. 그는 여러분의 총명함을 당할 수 없다는 것을 알고 있다. 여러분은 만족하여 깊은 숨을 내쉬며 대각선을 구할 때 썼던 공식을 적었다.

가장 긴 대각선의 길이 =
무엇이든 자로 재서 나오는 대로 쓰면 된다.

뭐가 됐든 공식은 재미있다. 하지만 쓸데없이 스스로를 힘들게 할 필요도 없는 것!

다각형
어떤 경우에나 다각형에 적용할 수 있는 공식이 하나 있다.

* 내각의 합 = $(n-2) \times 180°$

찰거머리 박사의 13각형을 위해 내각의 합을 구해 보면 $(13-2) \times 180° = 11 \times 180° = 1,980°$이다.

불규칙 다각형의 넓이를 구하고 싶다면 도형을 여러 개의 삼각형으로 나눠서 삼각형들의 넓이를 구해 모두 더하면 된다. 그러면 다음에 뭐가 나올지 맞춰 보시길……

삼각형의 넓이 공식
삼각형의 넓이를 구하는 4개의 중요한 공식이 있는데 간단한 것 하나, 똑똑한 것 둘, 그리고 정말 성가신 놈 하나가 있다. 그리고 또 이등변 삼각형에 대한 특별 보너스 공식 하나가 더 있다. 먼저 간단한 것부터 알아보자.

* 삼각형의 넓이 = $\frac{1}{2} \times$ 밑변 $\times$ 높이

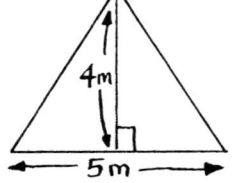

밑변이 5m이고 높이가 4m인 삼각형의 넓이는 $\frac{1}{2} \times 4 \times 5 = 10m^2$이다.

여러분에게 직각 삼각형만 있다면 인

생은 더 쉬워진다. 짧은 두 변의 길이만 알면 한 변을 밑변으로 다른 한 변을 높이로 생각하면 되기 때문이다. 아주 깔끔한 공식이다.

* 직각 삼각형의 넓이 = $\frac{1}{2}$ × 짧은 두 변의 길이를 곱한 것

이 삼각형의 넓이는 $\frac{1}{2} \times 2 \times 3 = 3m^2$이다.

* 정삼각형의 넓이 = $\frac{\sqrt{3}}{4} a^2$

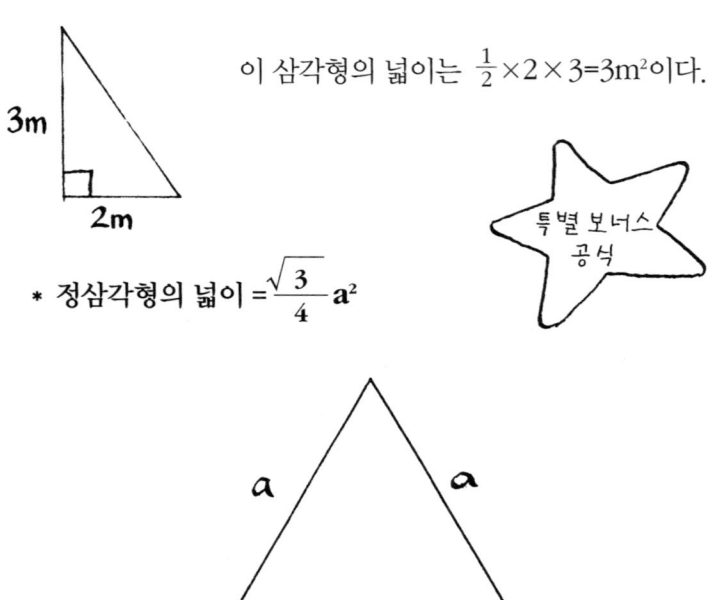

특별 보너스 공식

이제까지는 그럭저럭 괜찮았다. 하지만 삼각형의 높이를 모르고 이등변 삼각형도 아니라면 여러분은 좀 더 똑똑한 공식을 써야 한다. 똑똑한 삼각형 공식은 대개 이 작은 그림을 기본으로 한다.

여러분이 기억해야 할 것은 각 A는 언제나 변 a의 반대편에 있다는 것이고, 각 B는 b의 반대편에, 각 C는 변 c의 반대편에

있다. 이것은 반드시 기억해야
한다. 이제 첫 번째 똑똑한 삼각
형 공식을 만날 준비를 하자.

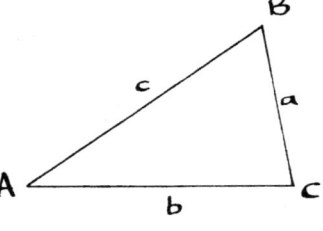

* 삼각형의 넓이 =
$\frac{1}{2} \times a \times b \times sin\ C$ 또는 $\frac{ab sin\ C}{2}$

이 공식을 쓰려면 두 변의 길이
와 그 사이에 있는 각의 크기를 알
아야 한다. 이때 각 C는 항상 변 a
와 b사이에 있다.

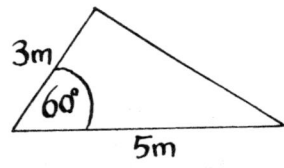

공식에서 a와 b 대신에 3m와 5m를 넣고 C 대신에 60°를 넣는다. 0.5는 $\frac{1}{2}$ 과 같으므로 계산기로 $0.5 \times 3 \times 5 \times sin 60°$ 를 누르면 넓이는 6.495m²라고 나온다.

두 번째 똑똑한 공식은 한 변의 길이와 모든 각의 크기를 알때 적용할 수 있다.

* 삼각형의 넓이 = $\frac{a^2 sin B\ sin C}{2 sin A}$

여러분이 알고 있는 변의 길이가
a라면 그 반대쪽에는 각 A가 있다
는 것에 주의하자.

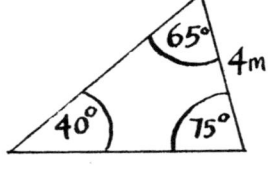

나쁜 소식은 이것은 예쁘지도 않
고, 답을 구하려면 계산기를 살살 잘 눌러야 한다는 것!

$$\frac{4^2 \times sin\,65 \times sin\,75}{2 sin\,40} = 10.895 \text{m}^2$$

좋은 소식은 많은 사람들이 이 공식을 모른다는 것! 여러분이 '삼각형 넓이 구하기 공식 왕' 대회에 참가한다면 이 공식이 쓸모 있을 것이다.

마침내 이 책에서 가장 훌륭한 공식이 나올 때가 되었다. 높이를 알 필요도 없고, 각도 알 필요가 없다. 그저 세 변만 알면 끝이다.

* **헤론의 삼각형 넓이 구하는 공식** =
$$\sqrt{s(s-a)(s-b)(s-c)}$$
여기서 s = $\frac{1}{2}$ (a+b+c)

여기에 삼각형의 둘레의 반을 뜻하는 알쏭달쏭한 s가 나타났다. 기억하자. 반둘레는 둘레의 반이라는 것을, 그리고 세 변의 길이를 더한 다음 2로 나눈 것과 같다는 것을.

이제 1분 동안 등을 기대고 앉아 공식을 바라볼 때이다. 한 번도 그 공식이 필요하지 않았다고 해도 멋지지 않는가? 솔직히 말해서 여러분에게는 필요 없을 가능성이 높다.

아름다움이란 평범함에서 나와야 한다고 생각했던 사람이나 '헤론'을 우러러 보는 사람이라면, 실망하지 않았을 것이다. 여러분은 이 공식이 물고기를 잡아먹으려고 서 있던 새를 초대하면서 만들어졌다는 것을 알게 될 것이다.

오호라. 우리는 농담을 아주 좋아한다. 그렇지? 이 공식의 진짜 창시자는 실제로 약 2000년 전 알렉산드리아에 살았던 많은 똑똑한 사람들 중 한 명이었다. 헤론의 별명은 '기계 인간'이었다. 수학을 잘 했을 뿐만 아니라 선물 목록을 꽉 채울 정도로 재미있는 놀이 기구도 발명했다. 이것들 중에는 역사상 처음으로 만들어진 증기 기관, 화살 발사기, 동전으로 작동되는 음료수 기계도 있었다. 또 사람과 동물을 본떠 만든 재미있는 '자동 장치'들도 많이 있었다. 그는 신전에 으스스한 장치도 설치했는데, 신전 문 옆에 놓인 커다란 대야에 불을 밝히면 저절로 문이 덜컹 열리고, 불을 끄면 문이 스르륵 닫혔다. 2,000년 전에 그런 신기한 것들을 발명하였다니 놀라운 일이지 않아? 헤론이 조금만 늦게 태어났다면 현대 과학이 크게 변했을지도 모를 일이라고. 어때? 상상이 돼?

이 삼각형의 넓이를 구하려면 우리에게는 s, 즉 반둘레가 필요하다. 둘레는 7+8+9=24미터이고, 그래서 $s = \frac{1}{2} \times 24 = 12m$이다. 이제 우리는 변의 길이 a, b, c를 7, 8, 9로 바꾸고 공식에 집어넣으면 된다.

$$\begin{aligned}
\text{넓이} &= \sqrt{12(12-7)(12-8)(12-9)} \\
&= \sqrt{12(5)(4)(3)} \\
&= \sqrt{12 \times 5 \times 4 \times 3} \\
&= \sqrt{720} \\
&= 26.833 m^2
\end{aligned}$$

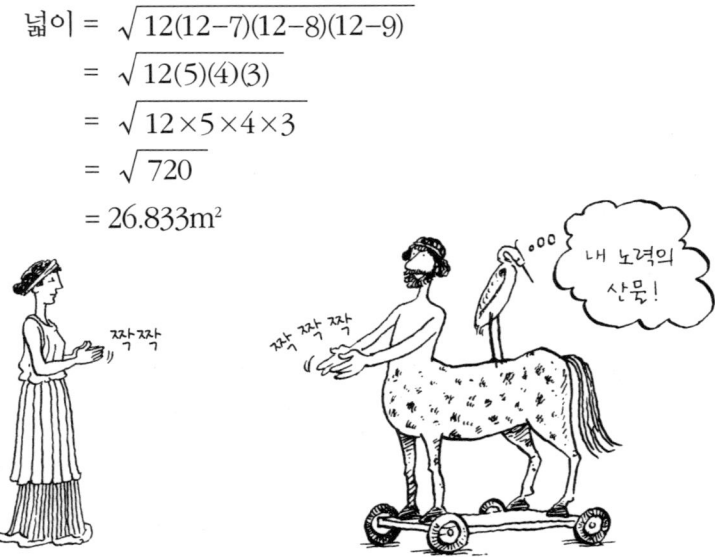

어떤 사람들은 아르키메데스가 헤론보다 먼저 이 공식을 알아냈을 것이라고 생각한다. 하지만 적어도 우리는 아르키메데스가 그 공식을 기록해 두지 않았다는 것을 알고 있다. 아마 아르키메데스는 이 공식이 너무 쉬운 것이라고 생각해서 신경 쓰지 않았던 모양이다.

다른 삼각형 공식

다음 공식들은 어떤 삼각형에도 적용할 수 있는 것들이다.

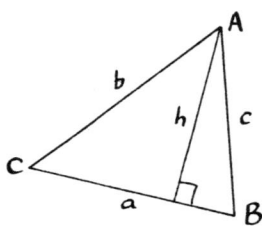

* 삼각형의 높이 $a = b \times sinC$
  또는 $c \times sinB$

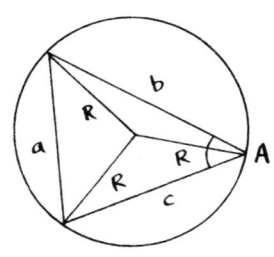

* R(외접원의 반지름) = $\dfrac{a}{2sinA}$

이를 다르게 표현하면 어떤 변 하나를 2로 나눈 다음 반대편 각의 sin 값으로 다시 나눈다는 뜻이다.

* r(내접원의 반지름) = $\dfrac{삼각형의 넓이}{s}$

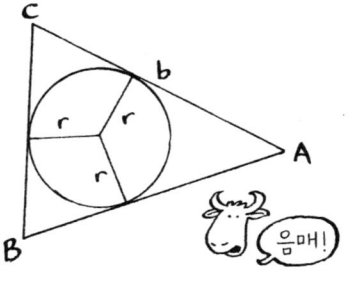

마지막 공식은 소도 감동받을 만큼 멋지다. 생각해 보라. 당신이 어떤 삼각형의 넓이를 안다고 하자. 그리고 그 넓이를 둘레로 나누면 삼각형 안에 꼭 맞는 가장 작은 원의 반지름을 구할 수 있다. 왜냐고? 그건 모른다. 알고 싶지도 않다. 우린 단지 이것이 무지개나 집으로 돌아가는 비둘기, 케밥, 토성의 고리, 어슬렁거리는 소처럼 우주의 신기한 일 중의 하나라고 생각하면 그뿐이다. 우리는 질문하지 않을 것이다. 그저 공식이 있는 게 고마울 뿐이다.

정말 이 공식이 맞는지 확인하는 법

모눈종이, 가위, 자, 원을 그릴 수 있는 컴퍼스를 준비한다.

- 모눈종이를 삼각형 모양으로 자른다.
- 세 변의 길이를 재서 모두 더한 다음 2로 나누면 반둘레가 구해진다.
- 넓이를 구하기 위해 모눈종이에 있는 모든 정사각형을 조심조심 센다. 이때 1cm×1cm인 정사각형이 134.5개 있다면 넓이는 134.5cm²이다.
- 넓이를 반둘레로 나누면 내접원의 반지름이 나온다.

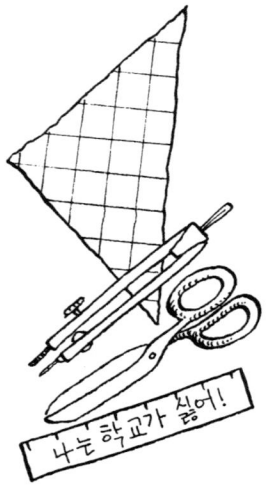

반지름을 구하기 위해 공식을 썼다면 이제 공식이 맞았다는 것을 분명히 확인할 차례다. 내접원의 중심이 어디인지 알기 위해서는 각을 이등분하는 것부터 시작해야 한다. 재밌는 방법이 있다.

- 삼각형의 한 구석을 정확하게 반으로 접어 두 변이 딱 맞도록 한다. 종이에 접은 자국이 생기게 한 다음 펼친다.

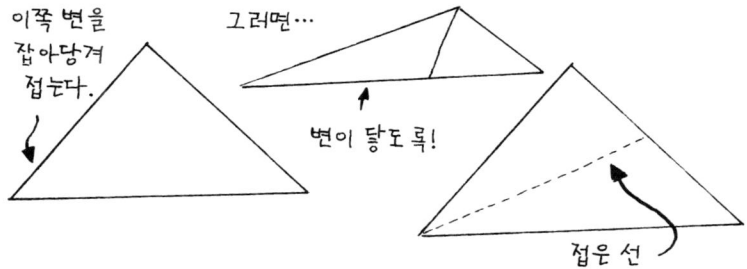

- 다른 쪽도 똑같은 방법으로 접었다가 펼친다.
- 이제 점점 뭔가 마술 같은 일이……. 세 번째 구석도 같은 방법으로 다시 접으면, 세 개의 접은 선이 모두 한 점에서 만나는 것이 보인다. 어떤 삼각형이든지 이 방법을 쓰면 된다.
- 여러분이 공식을 써서 구했던 원의 반지름만큼 컴퍼스를 벌리고, 컴퍼스의 침을 접은 선들이 만나는 점에 꽂아 그려 보자. 삼각형의 세 변에 딱 맞게 닿는 원이 그려진다. 이것이 내접원의 반지름이다.

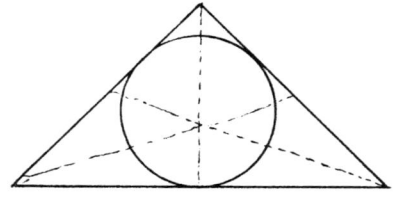

평행 사변형 공식

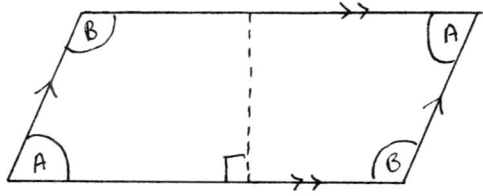

평행 사변형은 직사각형을 약간 밀어 놓은 것 같은 모양이다. 서로 마주 보는 변의 길이는 같고, 마주 보는 각의 크기도 같다. 일반적인 넓이를 구하는 공식은 다음과 같다.

* **평행 사변형의 넓이 = 밑변 × 높이**

하지만 삼각형의 경우처럼 높이를 모를 때에 넓이를 구할 수 있는 쓸 만한 다른 공식이 있다. 서로 다른 두 변의 길이를 알고 각의 크기를 알면 된다.

* **평행 사변형의 넓이 = 짧은 변의 길이×긴 변의 길이× sin(어떤 각이든)**

평행 사변형은 항상 크기가 같은 두 각이 두 개 있는데 다른 둘 보다 하나가 더 크다. 하지만 이때에 각의 크기는 중요하지 않고 큰 각을 쓰든, 작은 각을 쓰든 공식은 들어맞는다. 그 이유는 평행 사변형의 큰 각 하나와 작은 각 하나를 더하면 언제나 $180°$가 되기 때문이다. 그리고 신기한 삼각비 공식이 있다.

* $sin Z = sin(180-z)$

슬프게도 반둘레에 등장했던 소는 평행 사변형 공식에 나오지 않는다.

마름모 공식

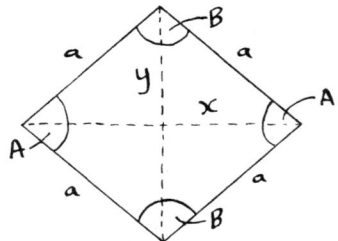

마름모는 사각형으로, 다이아몬드 모양으로 만들어서 눌러 놓은 것 같다. 변의 길이(a)는 모두 같고, 크기가 같은 각이 2개 있다. 또 넓이를 구하는 매력만점 공식 두 개도 있다. 평행 사변형 공식을 써도 구할 수 있다.

* 마름모의 넓이 = $a^2 \times sin$(어떤 각이든)

아니면 대각선의 길이 x와 y를 써서 구할 수 있다.

* 마름모의 넓이 = $\frac{1}{2} \times x \times y$

만족할 만한 결과이다. 하지만 소가 등장하지 않으니 소에게는 또다시 나쁜 소식이다.

기우뚱한 사각형

여러분도 알고 있겠지만 사각형은 어떤 모양이든지 네 개의 변을 가지고 있다. 정사각형, 직사각형, 평행 사변형, 마름모는 모두 멋지고 말쑥한 사각형이다. 하지만 여러분의 사각형이 네 변 모두 기우뚱하고, 네 변의 길이와 네 각의 크기가 모두 다르다면?

브라마굽타는 598년부터 665년까지 살았던 인도의 천문학자이자 수학자로, 기우뚱한 사각형에 대한 공식을 처음 구하려 했던 사람들 가운데 하나였다. 그는 원에 내접하는 사각형, 즉 네 변이 있고 하나의 원에 모든 꼭짓점이 닿는 사각형을 찾기로 했다.

내접 사각형은 제멋대로 기울어져 있지만, 한 가지 재밌는 점은 마주보는 각을 더하면 언제나 180°라는 것이다. 또 다른 재밌는 사실은 브라마굽타가 이 공식을 찾아냈다는 것!

* 내접 사각형의 넓이 =
$$\sqrt{(s-a)(s-b)(s-c)(s-d)}$$
여기서 $s = \frac{1}{2}(a+b+c+d)$이다.

이런! 다른 소가 나타났다. 그 말은 반둘레가 다시 나온다는 뜻으로 이번에는 사각형을 위해서 등장했다. 물론 사각형의 모든 꼭짓점이 원에 닿으면 그 원은 외접원이고, 여기 반지름을 위한 공식이 있다.

* $R = \dfrac{1}{4} \times \sqrt{\dfrac{(ab+cd)(ac+bd)(ad+bc)}{(s-a)(s-b)(s-c)(s-d)}}$

오 이럴 수가! 이것은 소의 짓이 분명해.

슬프게도 사각형 대부분은 원에 내접하지 않는다. 그래서 조건이 좀 더 까다로워졌다. 독일 수학자들이 '브렛슈나이더'라고 부르는 공식을 브라마굽타는 약 1200년 전쯤 만들었다. 이 공식은 좀 더 수준 높은 것으로 어떤 사각형이든 넓이를 구할 수 있다.

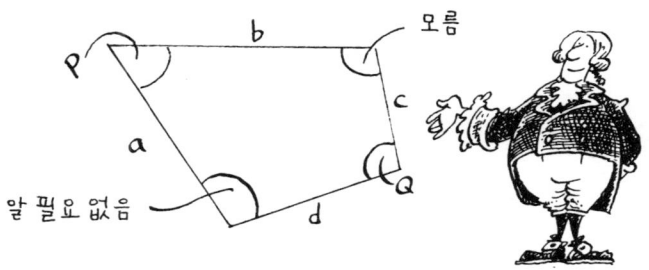

* 사각형의 넓이=

$\sqrt{(s-a)(s-b)(s-c)(s-d) - abcd \times cos^2(\dfrac{P+Q}{2})}$

's'를 넣지 않은 좀 더 쉬운 공식도 있다.

* 넓이= $\dfrac{(ab \times sinP + cd \times sinQ)}{2}$

정말 대단하지 않나? 이 공식을 사용하려면 네 변의 길이를 모두 알아야 할 뿐 아니라 사각형의 서로 마주 보는 각도 알아야 한다. 마주 보는 각은 공식에서 P와 Q를 말한다.

알고 있다시피 $abcd \times cos^2(\frac{P+Q}{2})$는 $abcd \times [cos(\frac{P+Q}{2})]^2$을 간단하게 줄여서 쓴 식이다. 다시 말해서, $cos(\frac{P+Q}{2})$를 구해서 제곱한 다음에 abcd와 곱하면 된다.

여러분이 대각선의 길이와 두 대각선 사이의 각 z를 알고 있다면 넓이 공식이 좀 더 단순해진다.

* 넓이 = $\frac{1}{2} \times x \times y \times sin Z$

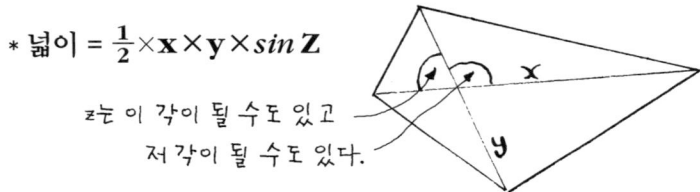

z는 이 각이 될 수도 있고
저 각이 될 수도 있다.

z는 큰 각이어도 되고 작은 각이어도 아무 상관없다.

사다리꼴

사다리꼴은 네 개의 변이 있고 두 변이 서로 평행한다. 사다리꼴의 넓이를 구하는 공식은 꽤 간단하다. a와 c가 평행한 변이라면,

* 사다리꼴의 넓이
= $\frac{1}{2}h(a+c)$

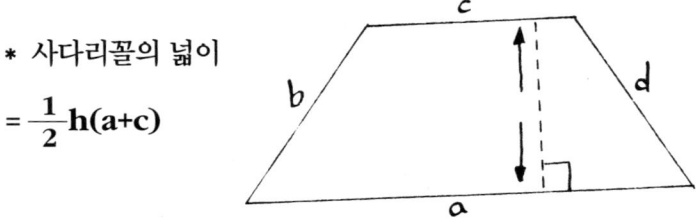

여러분이 평행한 두 변 사이의 거리인 '높이'만 알고 있다면 별로 어려울 게 없다. 하지만 몇 년 전 〈앗! 시리즈〉는 네 변의 길이만 알고 다른 것은 아무것도 모른 채 사다리꼴의 넓이를 구할 수 있냐는 질문을 받았다.

이것은 실제 있었던 일이다……. 아니, 거의 사실이다. 우리는 이 문제를 웹 사이트에 올렸고 우스개 공식 제왕님의 답장을 받았다. 지구 위에서 가장 엉뚱하게 틀린 답이었다. 하지만 우리는 문제 해결을 할 수 있는 좋은 공식도 2개 받았다. 전문가 단체에서 그 공식을 보여주었을 때는…….

이 공식들 때문에 어찌나 머리가 아프던지, 우리는 싱가포르에 있는 '휴 이 지에'가 보낸 공식을 발견할 때까지 한참을 쉬어야만 했다. 이 공식은 우리가 확인했을 뿐 아니라 기꺼이 보증할 수 있으므로 안심해도 된다.

* 사다리꼴의 넓이

$$= \frac{(a+c)}{4(a-c)} \times \sqrt{(a+b-c+d)(a-b-c+d)(a+b-c-d)(-a+b+c+d)}$$

변 a와 c는 평행하고 a는 c보다 더 길다. 여러분이 혹시 궁금할지 모르겠지만, 이 공식은 제니와 칼이 보낸 공식보다 훨씬 간단하다! 그리고 좋은 소식 한 가지가 있는데 웹 사이트 설명에는 반둘레를 탈출하고 있는 소도 나온다.

희한한 상자

여러분은 지금까지 평면 도형에 관한 공식들이 얼마나 복잡한지를 경험했다. 그렇기 때문에 앞으로 나올 입체 도형에 관한 공식들도 틀림없이 매우 복잡할 것이라고 예상할 것이다. 하지만 우리는 그런 부담을 덜어주기 위해 직선으로 이루어진 어떤 입체 도형에도 적용할 수 있는 오일러의 고전적인 공식부터 시작하겠다.

* 면의 수 + 꼭짓점의 수 = 모서리 수 + 2

면은 평평한 부분을 말하고, 꼭짓점은 모서리에서 각을 이루는 점을 말한다.

책을 덮고 6개의 면과 8개의 꼭짓점, 12개의 모서리를 가진 단단한 덩어리를 찾아보자. 그럼 바로 공식이 나온다. 사실 이 공식은 직선으로 이루어진 어떤 입체 도형에도 적용할 수 있다. 보기에 얼마나 복잡한지는 상관할 필요 없다. 못 믿겠다면 서로 다른 크기의 상자들을 쌓아 놓고 면, 꼭짓점, 모서리를 잘 세어 볼 것!

정육면체와 직육면체

정육면체는 가장 간단한 입체 도형이다. 면은 모두 정사각형이고, 모서리는 a이기 때문이다.

* 정육면체의 부피 = a^3

* 겉넓이 = 6a²

* 모서리 길이의 합 = 12a

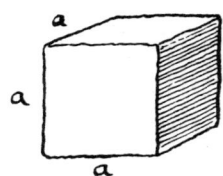

모든 공식들이 이렇게 쉽다면 얼마나 좋을까! 슬프게도 요즘에는 정육면체가 아닌 주사위도 많고 직육면체는 더 많다. 그래도 직육면체 공식은 그다지 어렵지 않다. 직육면체는 상자 모양이고, 모서리는 모두 수직으로 만난다. 모서리 길이를 재어서 a, b, c 라고 하자.

* 직육면체의 부피 = a×b×c

* 겉넓이 = 2(ab+bc+ca)

* 모서리의 합 = 4(a+b+c)

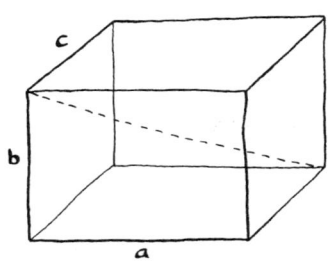

* 내부에 있는 가장 긴 대각선의 길이 = $x = \sqrt{a^2+b^2+c^2}$

이제는 직육면체 내부에 있는 가장 긴 대각선의 길이가 어떤 쓸모가 있는지 살펴보자.

1. 상자에 넣을 수 있는 가장 긴 막대기의 길이를 구할 수 있다. 이것은 마술사가 자신의 마술 봉을 수리받기 위해 포장 상자에 넣을 때 아주 유용하다.

2. 가장 긴 내부 대각선은 상자를 집어넣을 수 있는 가장 작은 구의 지름이다. 이것은 급하게 축구공 안에 초콜릿 상자를 집어넣어야 할 때 무척 쓸모 있다.

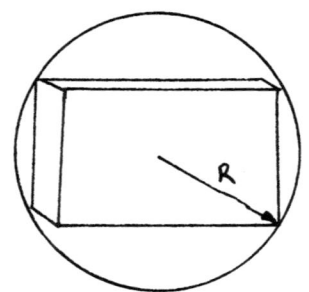

3. 여러분이 나무 블록의 한 쪽 꼭짓점에 있는 나무좀이라고 하자. 이 공식은 여러분이 급히 나무를 갉아먹으면서 가운데를 통과하면서 탈출할 때, 가장 먼 꼭짓점까지의 거리가 얼마나 되는지 알려 준다.

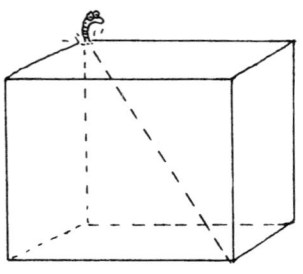

왜냐하면 나무좀을 잡아먹는 달팽이가 방금 나무 블록의 꼭짓점에 도착했기 때문이지.

나무좀이 나무를 갉아 먹으면서 기어가기 시작하자 달팽이는 나무좀을 잡으려고 저 먼 구석까지 블록을 빙 돌아 돌진하기로 했다. 나무좀이 머리를 쏙 내밀 때 잡으려고. 물론 달팽이는 궁금하겠지. 블록의 반대편 구석까지 닿으려면 어디로 가야 가장 빠른지…….

* 직육면체의 반대편에 있는 두 꼭짓점 사이로 달팽이가 기어간 가장 짧은 길 = $\sqrt{a^2+(b+c)^2}$
여기서 a는 가장 긴 변을 말한다.

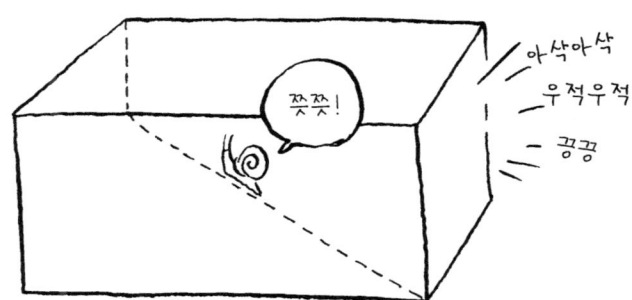

이쪽 꼭짓점에서 저쪽 꼭짓점으로 가던 달팽이는 우연히, 직사각형의 두 변 위로 움직이게 되었다. 달팽이는 어느 쪽으로 갈지를 선택해야 했다. 하지만 가장 짧은 길로 가려면 가장 작은 직사각형을 가로질러 가는 것은 피해야만 한다.

그런데 여러분의 블록이 정육면체라면 가장 긴 내부 대각선은 $\sqrt{3} \times a$가 되고, 가장 짧은 달팽이 흔적은 $\sqrt{5} \times a$가 된다.

각뿔

어떤 평면 도형을 밑면으로 하든지 각뿔을 만들 수 있고, 부피에 관한 재미있는 공식도 있다.

* 각뿔의 부피 = $\frac{1}{3}$ × 밑면의 넓이 × 높이

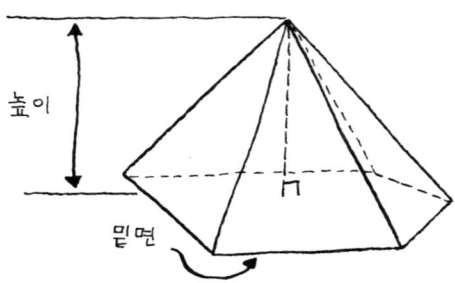

이때에 각뿔의 밑면이 어떤 모양인지는 중요하지 않으며, 밑면의 넓이와 꼭대기에서 밑면에 수직으로 잰 거리인 '높이'만 알면 부피를 구할 수 있다.

이집트 기자에 있는 가장 큰 피라미드는 밑면이 229m²이고 높이는 146m이다. 시간이 흐르면서 무슨 이유에서인지 꼭대기의 약 10m가 깎여 나가 버렸지만.

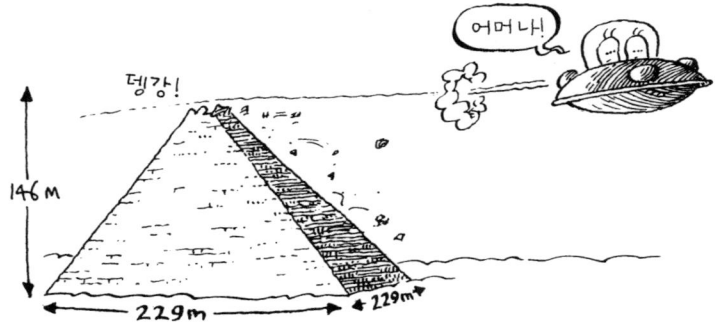

아무튼 밑면의 넓이 = 229×229이고, 피라미드의 부피는
$\frac{1}{3}$ × 229×229×146 = 2,552,129cm³가 된다.

만약에 각뿔의 높이를 모른다면 계산이 더 복잡해진다. 모서리의 길이가 모두 같지 않다면 특히 더 그렇다. 각뿔 밑면이 삼각형일 때에 우리는 그런 각뿔을 사면체라고 부른다. 모서리는 6개뿐이고 네 개의 면은 모두 삼각형이다.

이미 헤론의 공식을 알고 있으므로 높이를 모르고 세 변의 길이만 알더라도 삼각형의 넓이를 구할 수 있다. 그럼, 높이를 모르고 6개의 모서리 길이만 알 때 사면체의 겉넓이를 구할 수 있을지 궁금해질 것이다. 경고! 단단한 준비가 필요하다. 조금 어렵기 때문이다.

사면체 문제는 이탈리아 초기 르네상스 시대의 화가 피에로 델라 프란체스카 덕분에 해결됐다. 그는 1492년에 죽었는데 정말로 멋진 초상화 몇 점과 훌륭한 종교화를 많이, 그리고 몇 개의 살인적인 수학 문제들을 남겼다.

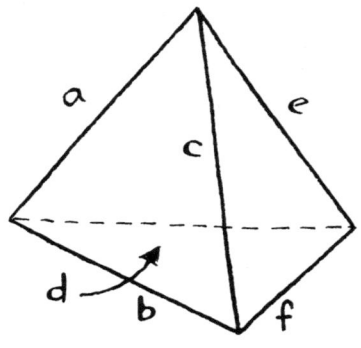

* 불규칙한 사면체의 부피 = $\frac{1}{12}$ { $-a^2b^2c^2 - a^2d^2e^2 - b^2d^2f^2 - c^2e^2f^2 + a^2c^2d^2 + b^2c^2d^2 + a^2b^2e^2 + b^2c^2e^2 + b^2d^2e^2 + c^2d^2e^2 + a^2b^2f^2 + a^2c^2f^2 + a^2d^2f^2 + c^2d^2f^2 + a^2e^2f^2 + b^2e^2f^2 - c^4d^2 - c^2d^4 - b^4e^2 - b^2e^4 - a^4f^2 - a^2f^4$ }$^{\frac{1}{2}}$

이 멋진 괄호 끝에 작게 $\frac{1}{2}$이라고 적힌 게 보일 것이다. 이 말은 여러분이 멋진 괄호 안에 있는 것들을 모두 계산한 다음에 그것들을 더한 것의 제곱근을 구하라는 뜻이다. 아참, 다 끝낸 다음에 12로 나누는 것을 잊지 말자.

이탈리아 초기 르네상스 시대로 돌아가 보면, 화가들은 그들 자신만의 그림을 그리지 못했다. 이 말이 이해가 안 된다면, 계산기도 없이 이 엄청난 거듭제곱 계산을 하고 거대한 제곱근까지 계산하는 것을 상상해 볼 것!

정다면체

여기 다섯 개의 정다면체가 있다. 모서리의 길이가 모두 같고, 각 꼭짓점에서 만나는 모서리 개수도 같다. 여러분이 갖고 있는 정다면체가 어떤 모양이든지 모서리의 길이 a를 알고 있다면 부피와 겉넓이를 구할 수 있다.

입체도형	부피	겉넓이
* 정육면체	a^3	$6a^2$

* 정사면체 $(\frac{\sqrt{2}}{12}) \times a^3$ $\sqrt{3} \times a^2$

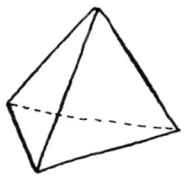

* 정이십면체 $(\frac{5(3+\sqrt{5})}{12}) \times a^3$ $5 \times \sqrt{3} \times a^2$

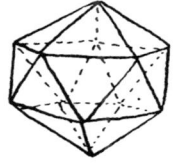

* 정팔면체 $(\frac{\sqrt{2}}{3}) \times a^3$ $2 \times \sqrt{3} \times a^2$

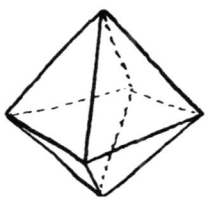

* 정십이면체 $(\frac{15+7\sqrt{5}}{4}) \times a^3$ $3 \times \sqrt{25+10\sqrt{5}} \times a^2$

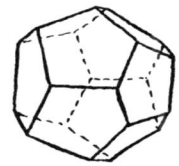

π 공식

어떤 원이든지 둘레를 재고 나서 지름으로 나누면 언제나 똑같은 값이 되는데 3.14159265358979323846264338327 95……. 숫자가 끝없이 이어진다. 이것을 다 쓰는 것이 지루할 때쯤이면 사람들은 '파이'라고 부르는 수상한 작은 기호 π를 쓴다.

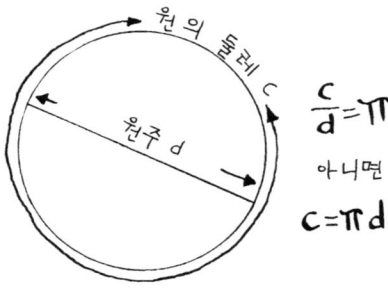

π는 수학에서 가장 중요한 것 가운데 하나인데 여러분은 바로 다음 공식들이 떠오를 것이다. 이것은 같은 공식을 두 가지로 변형한 것이다.

* $\pi = \dfrac{\text{원둘레}}{\text{지름}}$ 또는 원둘레 $= \pi \times$ 지름

많은 계산기들에는 π를 위한 특별한 버튼이 있다. 여러분이 그 버튼을 누르면 화면은 끝없는 π값으로 가득 찰 것이다. 만약 계산기가 10자리까지만 표시된다면 3.141592654로만 나올 것이다. 그런데 계산기에 π버튼이 없다면 어떻게 해야 할까? 3.141592654를 기억할 수 있을까?

그 대답은 '못 해'이다.

π는 얼마나 정확한 값이어야 할까?

π가 3.1416이라고 기억한다면 여러분의 답은 99.99976% 정확한 것이다. 지구가 완전한 구라고 가정하면 지름은 12,750km이다. 여러분이 원 둘레를 구하기 위해 π값을 쓴다면 95m가 넘지 않도록 하는 것이 좋다. π값이 어느 정도 정확한지 이해하려면 적도를 따라 도는 것을 상상해 보면 된다. 여러분이 출발했던 곳으로 다시 돌아가려고 할 때 여러분은 95m 이상을 더 가야 한다. 엄청나지 않은가?

π = 3.14라고 하면 99.95% 정확한 값이다. 계산기를 쓰지 않는 어르신들은 π를 $\frac{22}{7}$로 기억하는 것을 더 좋아하고 이 값은 99.96% 정확하다. 여러분이 우주 임무를 계획하고 있는 것이 아니라면 둘 중 하나를 쓰는 게 나을 걸.

π로 만들어진 공식

π의 그 많은 숫자들을 어딘가에 직접 사용하기는 힘들기 때문에 수백 년 전 사람들은 그들이 할 수 있는 한 정확하게 π값을 계산하는 법을 찾아냈다. 그들은 측정하거나 나누기를 하지 않고 숫자들이 신기한 규칙으로 나타나는 놀라운 공식을 내놓

았다. 이 공식들 대부분은 숫자들이 끝없이 나오고 뒤로 갈수록 점점 더 작아지고, 작아지고 또 작아진다. π값을 좀 더 정확하게 구하려면 끝까지 나오는 아주 작은 숫자들을 참고 견뎌야만 한다.

$$\frac{\pi}{2} = \frac{2}{1} \times \frac{2}{3} \times \frac{4}{3} \times \frac{4}{5} \times \frac{6}{5} \times \frac{6}{7} \times \frac{8}{7} \times \frac{8}{9} \cdots$$

존 월리스(영국, 1655)

$$\frac{\pi}{6} = \frac{1}{2} + \frac{1}{2}\left(\frac{1}{3 \times 2^3}\right) + \frac{1 \times 3}{2 \times 4}\left(\frac{1}{5 \times 2^5}\right) + \frac{1 \times 3 \times 5}{2 \times 4 \times 6}\left(\frac{1}{7 \times 2^7}\right) + \cdots$$

아이작 뉴턴의 것 한 가지(영국, 1665)

$$\frac{\pi}{4} = 1 - \frac{1}{3} + \frac{1}{5} - \frac{1}{7} + \frac{1}{9} - \frac{1}{11} \cdots$$

제임스 그레고리(스코틀랜드, 1671)

$$\frac{\pi^2}{6} = \frac{1}{1^2} + \frac{1}{2^2} + \frac{1}{3^2} + \frac{1}{4^2} \cdots$$

18세기 스위스의 레온하르트 오일러가 만들어 낸 π에 대한 수많은 공식들 중 하나.

그러니 여러분을 위해서 답을 찾으려고 이렇게 고생하는 사람들의 시간을 줄일 수 있도록 다음번에는 그냥 계산기에 있는 π버튼을 콕 누르도록 하자.

약간의 독심술과 원에 대한 퀴즈

온갖 π공식에 뛰어들기 전에 여러분은 한 가지 테스트를 통과해야 한다. 원 바깥쪽을 따라 돌아가는 거리를 둘레라고 한다. 하지만 여러분은 원의 다른 용어들도 모두 알아야만 한다. 이 목록을 보고 표에 맞는 각각의 용어를 맞힐 수 있는지 알아보자.

a) 지름 b) 활꼴 c) 중심각 d) 부채꼴 e) 호 f) 현 g) 중심 h) 반지름 i) 접선

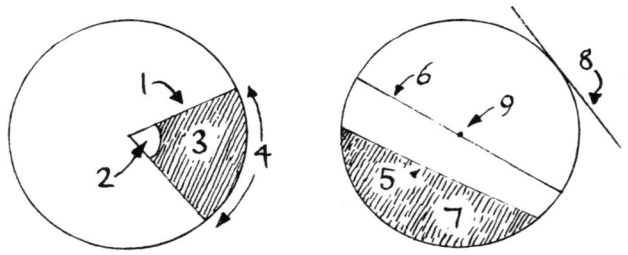

자, 이제 답을 확인해 보자.

a6, b7, c2, d3, e4, f5, g9, h1, i8

여러분이 9개의 문제를 모두 맞혔다면 당당하게 자신을 껴안아 주어도 된다. 7문제를 맞혔다면 이 책이 여러분 마음을 달래 줄 것이다.

여러분은 부채꼴과 활꼴을 틀렸을 것이다. 그렇지?

흥분하지는 말자. 우리는 여러분을 도와주려고 여기 있는 것이니까. 영어가 그렇게 형편없는 언어가 아니라면 '부채꼴(sector)'은 '중심(centre)'을 나타내는 'sentor'에서 왔다는 것을 기억하면 된다.

π 공식

여기 공식에 쓰는 몇 가지 기호들이 있다.

r = 반지름, d = 지름, c = 원둘레

Q = 중심각(각도기로 잰다)

자, 이제 간단하면서도 멋진 공식으로 시작해 보자.

* $d = 2r$

아, 얼마나 멋진가! 아직은 우리가 알고 있는 두 가지 공식에서 시작하는 게 낫겠다.

* $c = \pi d$ 또는 $2\pi r$

* 원의 넓이 = πr^2 또는 $\frac{\pi d^2}{4}$

여러분이 벌목꾼이라면 π 때문에 고민할 필요가 없다. 둥그런 그루터기의 넓이를 구할 때 줄자만 있으면 되니까. 여러분은 줄자로 그루터기 한가운데를 지나게 지름을 재고, 그 다음에는 원둘레를 구하기 위해 바깥쪽으로 빙 둘러서 재면 된다. 그리고 둘을 곱한 뒤 4로 나누면 끝이다.

* 벌목꾼의 원 넓이 = $\frac{cd}{4}$

이 마지막 공식은 여러분이 지저분하지만 엄청나게 큰 전기톱으로 커다란 나무를 막 베어낸 다음에, 베어낸 그루터기의 넓이를 알고 싶을 때 편리하다. 신기한 것은 벌목꾼이 그루터기 넓이를 왜 알고 싶어 하는지 아무도 모른다는 것이다. 몇몇 사람들이 물어보긴 했지만 대답이 없었다.

여기 원에 관한 공식이 두 개 더 있다.

* 호의 길이 = $\frac{Q}{360} \times c$ 또는 $\frac{Q}{180} \times \pi r$

* 현의 길이 $y = 2r \times sin(\dfrac{Q}{2})$ 또는 $2\sqrt{r^2-h^2}$

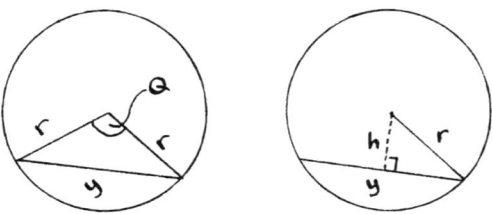

이제 좀 더 재미있는 것을 해 보자. 우리는 막 부채꼴과 활꼴의 넓이를 구하려던 참이다. 하나는 꽤 쉽고, 다른 하나는 살인적으로 어렵다. 여러분은 어떤 것에 더 마음이 끌리나?

결론부터 이야기하면 부채꼴의 넓이 구하는 것이 더 쉽다. 원 전체의 넓이와 우리에게 필요한 것만큼의 중심각 Q의 크기만 알면 되기 때문이다. 삼겹살 보첼리가 케이크를 조각내서 우리에게 실제로 증명해 보이려고 하고 있다.

여기 삼겹살 보첼리가 자른 케이크 조각의 윗면 넓이를 구하는 공식이 있다.

* 부채꼴의 넓이 = $\dfrac{Q}{360}$ × 원의 넓이 = $\dfrac{Q}{360} \times \pi r^2$

활꼴의 넓이는 좀 더 어렵다. 활꼴의 넓이를 구하는 공식을 찾아내는 방법은 활꼴이 안에 딱 들어가는 부채꼴의 넓이를 구해서 필요 없는 삼각형의 넓이를 빼는 것이다.

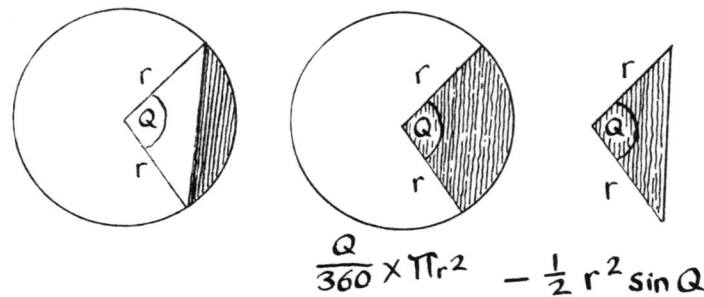

$$\dfrac{Q}{360} \times \pi r^2 \quad - \dfrac{1}{2} r^2 \sin Q$$

부채꼴의 넓이는 구할 줄 아니까 135쪽에 나왔던 삼각형의 넓이를 구하는 공식인 $\frac{1}{2}r^2 sinQ$를 쓰면 된다. 그럼 금방 끝난다.

* 활꼴의 넓이 = $\frac{r^2}{2}(\frac{Q}{180}\pi - sin Q)$

초승달

초승달의 모양은 두 종류가 있는데 하늘을 잘 관찰하면 볼 수 있다. 그중 한 가지는 달의 모양이 변해서 생기는 것이고 또 다른 하나는 월식이나 일식일 때 볼 수 있다. 둘 다 초승달이라고 부르지만 모양도 다르고, 넓이를 구하는 공식은 더더욱 다르다. 하나는 꽤 쉽고, 나머지 하나는……. 글쎄, 한번 보자고.

달이 변한 초승달

여러분도 알다시피 달은 스스로 빛을 내는 것이 아니다. 태양에게서 빛을 받았을 때만 우리가 볼 수 있다. 그래서 달의 모양은 태양이 어디 있는지에 따라 달라진다. 모양은 아무것도 보이지 않는 상태에서 시작해서 예쁘장한 초승달, 그다음에는 반달, 그다음엔 뚱뚱한 '볼록한' 모양, 그리고 마침내 완전한 원 모양, 즉 보름달이 된다. 다시 새로운 달이 될 때까지는 전에 나왔던 모양들이 거꾸로 진행되며 나타난다. 하나의 새로운 달에서 다음번 새로운 달이 될 때까지는 29.5일이 걸린다.

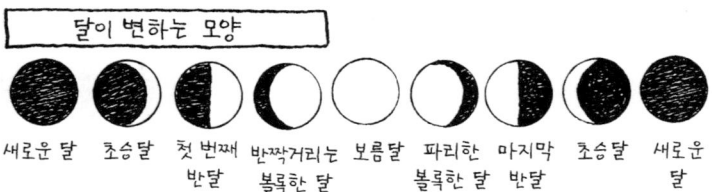

★ 요건 몰랐을걸!

달에 관한 흥미로운 사실 하나가 있다.
초승달의 '뿔'은 항상 태양에서 멀리 떨어진 곳을 가리킨다. 그래서 여러분이 그린 한밤중 그림에서 초승달이 아래쪽을 가리키고 있다면 잘못된 것이다. 왜냐하면 한밤중에는 태양이 항상 수평선 아래에 있기 때문이다.

초승달 모양일 때에 아래 그림처럼 양 끝의 점은 이으면 항상 보름달의 중심을 지난다. 그림에서 점선으로 그려진 부분을 보면 알 수 있다. 이제 초승달을 둘로 나누면서 직각으로 지나는 또 다른 선이 있다고 생각해 보자.

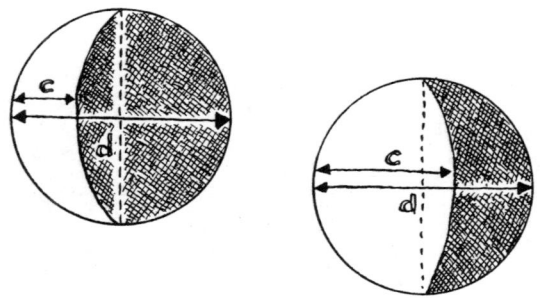

d가 전체 원의 지름이라면 c는 초승달 너비의 최대값이다. 그러면 초승달의 넓이는 '$\frac{c}{d} \times$ 원의 넓이'가 된다. 물론 원의 넓이는 $\frac{\pi d^2}{4}$ 이므로 두 값을 곱하면 답이 나온다.

* 달이 변한 초승달의 넓이 = $\frac{1}{4}\pi cd$

여기까지는 쉬운 것이었고, 이제 골치 아플 준비를 해 보자.

월식이나 일식으로 생기는 초승달

우리가 또 다른 초승달을 보는 것은 월식과 일식, 두 가지 경우이다.

• **일식으로 생기는 초승달**: 이것은 달이 태양 앞쪽으로 지나는 동안 일어난다. 달이 지나가는 동안 태양의 빛이 가려지면서 초승달 모양이 생기는 것이다.

• **월식으로 생기는 초승달**: 이건 밤에 지구가 태양과 달 사이를 지나갈 때 일어난다. 먼저 보름달이 보이고, 다음에는 검은 원이 그 위를 지나는 게 보인다. 그 원은 지구의 그림자이다.

두 가지 경우 모두, 초승달은 한 원이 다른 원을 가려서 만들어진다. 여러분은 두 장의 종이로 만든 원으로 여러분만의 초승달을 만들어 볼 수 있다. 하나는 검은색, 하나는 흰색이고 크기는 달라야 한다. 검은 것이 하얀 것을 부분적으로 덮으면 하얀 초승달이 만들어진다.

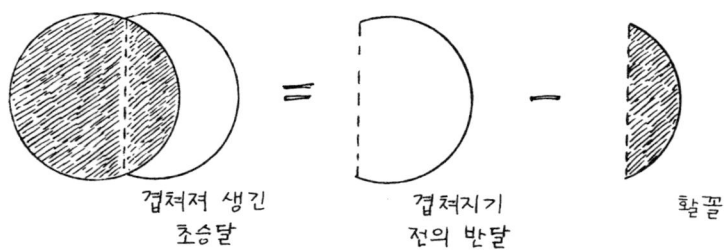

겹쳐져 생긴 겹쳐지기   활꼴
초승달   전의 반달

이 그림은 하얀 반달의 넓이에서 검은 반달의 넓이를 빼면 초승달의 넓이를 구할 수 있다는 것을 보여 준다. 하지만 문제는 우리가 165쪽에서 보았던 활꼴 공식에는 중심각이 필요한데, 여기는 세 길이만 나와 있다는 것이다.

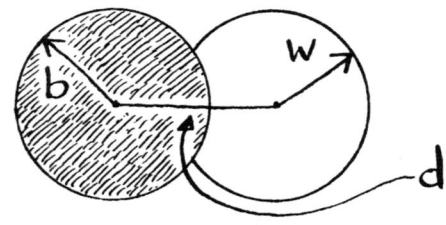

b = 검은 원의 반지름
w = 하얀 원의 반지름
d = 두 원의 중심 사이의 거리

이번 공식에는 하나의 반달에서 다른 반달을 빼는 것만 포함되어 있다. 왜냐하면 어떤 각도 모르기 때문이다. 그래서 좀 더 복잡하다.

* 초승달의 넓이 =

$$w^2\{\pi - \frac{2\pi[\cos^{-1}(\frac{w^2+d^2-b^2}{2wd})]}{360} + \frac{\sin2[\cos^{-1}(\frac{w^2+d^2-b^2}{2wd})]}{2}\}$$

$$- b^2\{\frac{2\pi[\cos^{-1}(\frac{b^2+d^2-w^2}{2bd})]}{360} - \frac{\sin2[\cos^{-1}(\frac{b^2+d^2-w^2}{2bd})]}{2}\}$$

이봐! 이것처럼 살인적으로 복잡한 수학 공식을 감히 소개하는 수학 책은 많지 않다고. 어때, 뿌듯하지 않아?

우아한 식탁

탁자는 대부분 직사각형이지만 우아한 식사용 탁자는 꼭짓점 부분이 둥글게 되어 있다. 여러분의 낡은 부엌용 보통 탁자를 우아하게 만들고 싶다면, 모서리 부분을 둥글게 잘라낼 톱이 필요하다. 여러분 탁자의 가로 최대 길이를 w, 세로 최대 길이를 l이라고 하고 구석의 원의 반지름을 r이라고 하자.

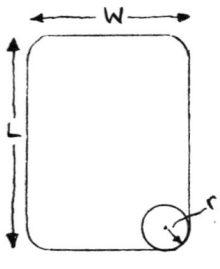

* 모서리가 둥근 직사각형의 넓이 = $lw - r^2(4-\pi)$

완벽한 달걀 프라이의 흰자위 넓이 구하는 공식 두 가지

완벽한 달걀 프라이는 완전하게 동그랗고, 노른자위도 정확하게 한가운데 놓여 있다. 이렇게 아름다운 모양을 칭찬하기 위해 수학자들은 특별한 이름을 붙여 주었다. '환형'이라고. 이 이름은 가운데 작은 원이 뚫린 큰 원이라면 어느 것에든 붙일 수 있다. 도넛 밑에 생긴 그림자의 모양도 그렇고, 아름답게 윤이 나는 나무 테이블 위에 아주 뜨거운 접시를 올려놓아도 뿌연 하얀 환형 모양이 생긴다. 이제 여러분은 또 골치 아픈 일에 말려들었으니 너무 애쓰지는 말자!

흰자위의 넓이는 큰 원 전체의 넓이에서 가운데 있는 원의 넓이를 뺀 것과 같다. 그래서 달걀 프라이의 반지름이 e이고, 노른자위의 반지름이 y라면 다음과 같은 공식이 성립한다.

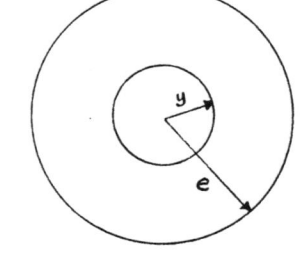

* 달걀 프라이의 흰자위 넓이를 구하는 공식 = $\pi(e^2-y^2)$

완벽한 달걀 프라이의 흰자위의 넓이를 구하고 싶다면, 달걀 프라이의 중심이 어디 있는지 알아야 한다. 뭐 굳이 그러고 싶지 않다면 할 수 없지만. 아무튼 달걀 프라이의 반지름과 노른자위의 반지름을 구해야 한다. 이건 꽤 어려운 일이지만 다행히 이것을 구하는 공식이 있다는 것에 감사하자.

환형에서 놀라운 사실은 딱 한 번 길이를 재는 것만으로도 흰자위의 넓이를 구할 수 있다는 것이다. 게다가 두 원의 중심이 어디 있는지 알 필요도 없다. 여러분이 할 일은 이것처럼 길이를 재는 것뿐…….

여러분은 이쪽 끝과 저쪽 끝을 지나는 선이 노른자위 가장자리에 닿도록 그으면 된다. 그 선의 길이를 w라고 한다.

* 흰자위 넓이를 구하는 흥미로운 공식 = $\pi(\frac{w}{2})^2$

이 공식이 사랑스러운 이유는 다음과 같다. 물론 여러분이 이런 것들을 좋아해야겠지만.

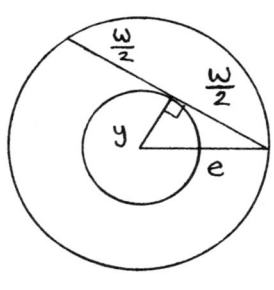

w는 작은 원에서는 접선 값이 되는데 그 이유는 선분 y와 90°로 만나기 때문이다. 그러니까 직각삼각형이 생겼다. 긴 변은 e가 되고, 짧은 두 변은 y와 w의 반, 즉 $\frac{w}{2}$ 이다. 피타고라스 할아버지는 직각 삼각형에서 빗변의 제곱은 다른 두 변의 제곱을 더한 것과 같다고 했다. 이 경우에는 $e^2 = y^2 + (\frac{w}{2})^2$ 이 된다. 식을 약간 바꾸면 $e^2 - y^2 = (\frac{w}{2})^2$.

이제 확실한 공식으로 돌아가 보면, 넓이 = $\pi(e^2 - y^2)$이다. $(e^2 - y^2)$이랑 $(\frac{w}{2})^2$을 바꾸면 흥미로운 공식이 나온다.

π와 입체 도형

수학에서 계산하기 가장 쉬운 둥그런 입체 도형은 깡통 모양으로 생긴 원기둥이다. 밑면인 원의 반지름 r과 높이 h만 알면 끝난다.

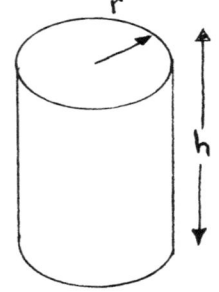

* **원기둥의 부피** = $\pi r^2 h$

원기둥의 겉넓이를 구하려면 수도관처럼 생긴 부분과 양 끝이 있다는 것을 기억해야 한다. 수도관 부분의 넓이를 알려면 직사각형의 가로 길이를 알아야 하는데, 그 길이는 밑면의 둘레만 하다.

* 원기둥의 수도관 부분 겉넓이
= $2\pi rh$

* 밑면을 포함한 원기둥의 전체
겉넓이 = $2\pi r(h+r)$

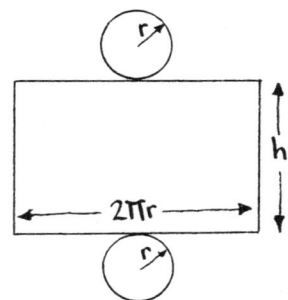

 몇 천 년 전부터 사람들은 원기둥의 부피를 구하는 공식은 알고 있었으나 구의 부피를 구하는 것은 도통 알지 못했다. 그 때 지금까지 해답을 찾으려 했던 사람들 중 가장 똑똑한 사람이 간단하면서도 만족할 만한 답을 알아냈다. 그가 밝혀낸 답은 아직까지도 사용되고 있다.
 제대로 된 이야기를 알려면 기원전 212년 시칠리아로 돌아가야 한다. 로마 인들이 시라쿠사 항구를 공격하고 있을 때에 75살 먹은 아르키메데스의 집에서 사건이 벌어졌다.

사실이다. 아르키메데스의 자랑스럽고도 놀라운 발견 가운데 하나는 그의 무덤에 새겨진 그림이다.

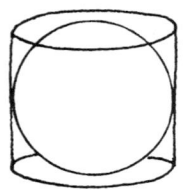

* 구의 부피 = $\frac{4}{3}\pi r^3$

아르키메데스는 구가 딱 맞게 들어가는 원기둥에 구를 집어넣으면 구의 부피는 정확하게 원기둥의 $\frac{2}{3}$ 를 차지한다는 것을 보여 주었다. 원기둥의 부피가 얼마인지 보여 주는 것은 어렵지 않다. 원기둥의 높이는 구의 지름과 같은 2r이니까. 원기둥의 부피는 $2\pi r^3$이 될 것이고, 구의 부피는 원기둥 부피의 $\frac{2}{3}$이므로 $\frac{2}{3} \times 2\pi r^3$ = $\frac{4}{3}\pi r^3$이다.

여기 좀 더 간단한 공식이 있다.

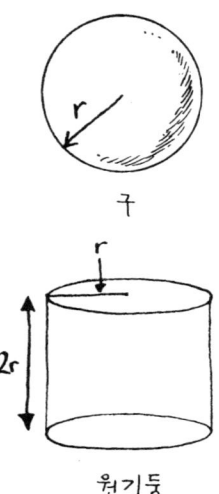

* 구의 겉넓이 = $4\pi r^2$

이번에는 조금 더 산뜻하게 접근해서 구를 반으로 자르면 겉넓이는 얼마나 될까? 둥그런 부분은 구 넓이의 반이니까 $\frac{1}{2} \times 4\pi r^2 = 2\pi r^2$이고, 평평한 부분의 넓이는 πr^2이다. 따라서 둘을 더하면 답이 나온다.

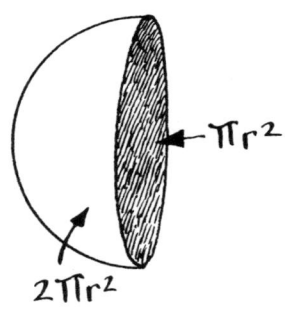

* **반구의 겉넓이**(평평한 부분을 포함) = $3\pi r^2$

분명히 여러분은 이것을 증명하고 싶을 것이다. 여러분의 낡고 지저분한 전기톱을 들고 둥그런 오렌지를 반으로 잘라 보자. 중심을 지나도록 자르지 못했다면 그건 그냥 '구의 모자'라고 부르면 된다.

걱정하지는 말 것! 그렇게 마냥 서 있도록 내버려 두지는 않을 테니까. 모자 밑면의 반지름을 알려 주면 공식을 알려 주지.

* **'구의 모자'의 부피** = $\frac{1}{6}\pi h(3x^2 + h^2)$

* '구의 모자'의 겉넓이 = $2\pi rh$

완벽한 아이스크림, 도넛, 소시지

아이스크림콘은 직원뿔이다. 이 말은 아이스크림콘의 꼭짓점이 밑면인 원의 중심 바로 위쪽에 있다는 말이고, 다른 뿔처럼 부피는 '$\frac{1}{3}$×밑면의 넓이×높이'이다.

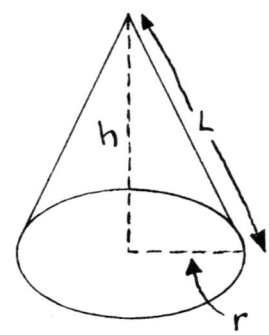

* 아이스크림콘의 부피 = $\frac{1}{3}\pi r^2 h$

아이스크림콘의 비스듬하게 기운 부분의 넓이를 구하는 공식은 좀 더 재미있다. 콘에 있는 약간의 각 때문에 여러분은 조그맣고 불쌍한 사인과 탄젠트가 기어 다닐 것이라고 생각하겠지만, 결코 아니다! 콘의 꼭짓점에서 밑면의 가장자리까지 이어지는 비스듬한 선의 길이를 l이라고 하면,

* 아이스크림 콘의 비스듬한 면의 넓이 = πrl

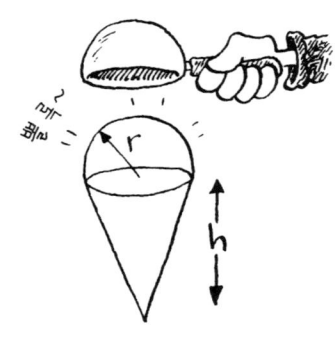

이번에는 콘을 뒤집어서 정확하게 반구 모양인 아이스크림을 콘 위에 올려놓아 보자. 그것의 부피는?

* 아이스크림과 콘의 부피 = $\frac{1}{3}\pi r^2(h+2r)$

이번에는 웨이퍼 두 장 사이에 바삭거리는 막대 초콜릿을 넣고, 호두와 딸기 소스를 발라서 붙여 보자. 완성했나? 잘했군. 부피를 구하는 공식이 뭔지 아직도 잘 모르겠다면, 여러분은 약간의 도움이 필요한 것이다.

도넛

여러분이 완벽한 모양의 도넛을 갖고 있다면, 그것은 구부러진 끝이 서로 만나 반지 모양을 하고 있는 튜브 모양일 것이다. 이 모양을 '원환체'라고 부르며, 이것을 구한 수학자들은 여러 가지 의미에서 환호성을 올렸다. 물론 그 첫 번째 이유는 모양이 도넛과 같았기 때문일 테지만.

원환체의 부피를 구하는 공식은 여러분이 알고 있는 것이 무엇인지에 따라 두 가지로 나타낼 수 있다. 우리는 리브 씨에게 설탕으로 덮인 따뜻한 도넛 두 개를 보냈고, 그는 도넛 모양을 그림으로 그리고 r, R, a, b를 표시해 주었다.

이번에는 리브 씨에게 후춧가루가 뿌려진 눅눅한 도넛을 보냈고, 우리에게 운이 따를지 보기로 했다.

* 원환체의 부피 = $2\pi^2 Rr^2$ 또는 $\frac{\pi^2}{4}(b+a)(b-a)^2$

와우! 저거 봤어? 여러분은 모르겠지만 방금 이 페이지에 착륙한 것은 매우 희귀한 것임을 알려 주겠다. 우리는 지금 평범한 늙은이 π에 대해서 말하고 있는 게 아니다. 그것은 상식이다. 주의해서 봤다면 희귀하고도 위대한 기호 π^2이 나타난 것을 알아차렸을 것이다. 이렇게 기쁠 수가! 진정으로 열성적인 〈앗! 시리즈〉 팬들은 관목으로 변장한 채, 멀리서 쌍안경으로 공식들과 계산식들을 지켜보면서, 단지 π^2을 찾겠다는 희망으로 몇 년을 보냈다. 그런데 한 번에 두 개나 나오다니!

여러분이 설탕으로 덮인 도넛을 보냈다면 여러분도 겉넓이를 알려고 했을 것이다. 여기 여러분에게 필요한 것이 있다.

* 원환체의 겉넓이 = $4\pi^2 Rr$ 또는 $\pi^2(b^2-a^2)$

얼마나 운이 좋은지 알고 있어? 공식에 π^2이 두 개나 더 있다니! 사람들은 모두 우리가 처음 π^2을 봤을 때, 어떠했는지 알고 있다고. 그러니 여러분이 〈앗! 시리즈〉 책을 읽었고, π^2을 네 개나 만났다고, 여러분의 손자들에게 꼭 말해 줘야 한다고. 엄청나게 부러워할 테니까.

'완벽한 소시지'의 비극

여러분이 이 책의 첫 부분에서 봤던 것처럼 우리는 소시지를 좀 더 쉽게 만들기 위해 계산하기 쉬운 '완벽한 소시지'를 발명했다. 하지만 우리는 문제를 일으킬 목적으로 그것을 사용하는 사람이 있으리라고는 생각도 못했다. 모든 일은 '딴일방(딴 사람 일 방해하기)'이라는 정부 부처에서 우리들의 아이디어를 훔쳐서 이런 서류에 올린 데서부터 시작되었다.

17:a:8f: 큰 가지 하나에 최대 나뭇잎 29개 (또는 작은 가지 하나당 3개)
17:b 소시지: 법으로 정해진 완벽한 모양으로
17:b:1: 소시지 몸통은 완벽한 원기둥이 되야 한다.
17:b:2a: 소시지의 끝부분은 정확한 반구가 되어야 한다.
17:b:2b: 그리고 다른 쪽 끝도 완벽한 반구가 되어야 한다.
17:c 치약: 허가된 향

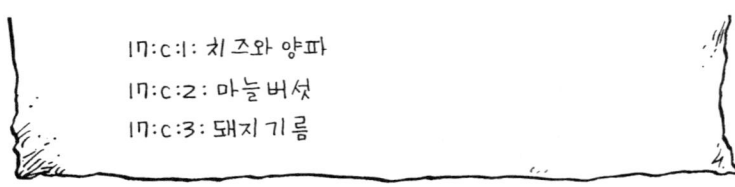

물론 우리는 이 공식이 이렇게 유명해지길 바라지는 않았다. 우리는 단지 이 공식을 이 세상에 선물로 주고 싶었을 따름이다.

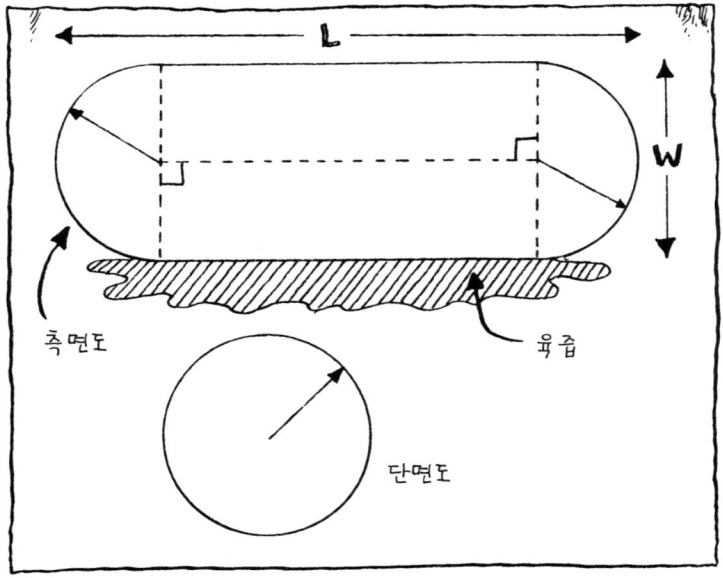

소시지의 총 길이 = l 그리고 너비 = w라고 한다.

* 완벽한 소시지의 부피 = $\frac{\pi w^2}{4}(1 - \frac{w}{3})$

* 소시지 껍질의 넓이 = $\pi w l$

그때는 모든 것이 별 탈 없이 완벽해 보였다. 하지만 어느 날 '불로 소득'이라는 더러운 도시에 있는 의원이 보낸 경고문이 왔고, 일은 걷잡을 수 없이 되어 버렸다.

불로 소득 신문
완벽한 소시지에 대한 새로운 규정

존경하는 시의회는 모든 소시지가 할 일도 없고, 아무도 들어 본 적 없는 멀리멀리 떨어진 사무실에 있는 누군가가 결정한 완벽한 국제 규격에 따라 만들어져야 한다고 주장하고 있다.

"이건 중요한 일입니다." 시장이 말했다. "우리는 조사관을 보낼 계획입니다."

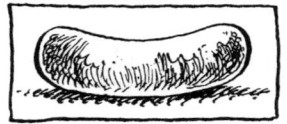

또 다른 기사: 〈TV 가이드〉, 〈유명인의 요리 비법〉, 〈병원이 무너지다〉, 〈넘치는 하수도〉, 〈늘어나는 범죄〉, 〈유독성 화학물 누출되다〉, 〈문 닫는 학교〉, 〈혼돈을 나르다〉, 〈십자 말 풀이 시상〉

불행하게도 '불로 소득' 시의 의원들은 '완벽한 소시지'에 관여하는 계획을 세웠다. 그들은 병원이 무너지거나 도로가 내려앉는 것과 같이 돈이 더 드는 일을 걱정하는 것보다는 소시지가 규정을 어기는지 감시하기로 했다.

물론 이런 비극적인 이야기에는 승자는 없고 패자만 있을 뿐이다. 사람들은 모두 나이를 먹고, 아마 조금 더 현명해지는지 모르겠지만, 아무도 행복해지지는 않는다. 무슨 운명의 장난인지 정의는 사건에서 가장 책임져야 할 사람들을 피해자로 만들어 버린다.

불로 소득 신문

소시지 위기는 끝났다!

드디어 우리의 푸줏간에 소시지 재고가 생겼다. 시장이 그들을 불법으로 간주할 것이라고 생각했는지 물어보았다. "그는 아직 아무 말이 없어요." 푸줏간 주인이 말했다. "사실 시장은 우리를 위해서 모든 것을 바칠 것이고, 마지막에는 그의 심장까지 바치겠죠."

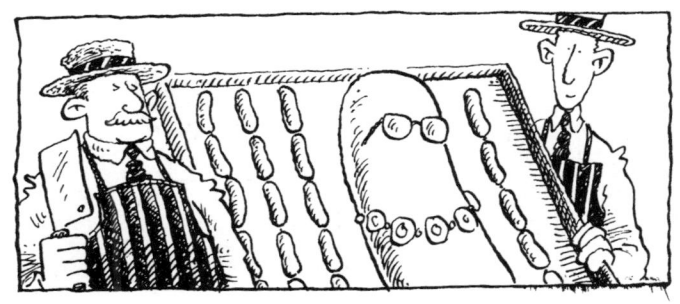

시장 실종의 미스테리

존경하는 시장님이 새로운 소시지 규정을 집행하던 날 이후 보이지 않지만 아직 아무런 흔적도 찾지 못하고 있다. "시장님은 언제나 초대를 많이 받았어요." 시장 부인이 말했다. "아마 누군가와 저녁을 먹고 있겠죠."

수상한 타원

타원은 원을 찌그러뜨려 놓은 것 같은 모양을 하고 있다. 그러나 타원의 넓이를 구하는 것은 아주 쉽다. 타원 바깥쪽에 딱 맞는 직사각형을 그리고 직사각형

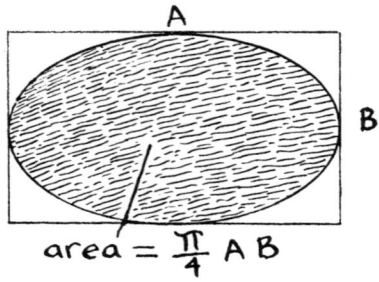

의 넓이에 $\frac{\pi}{4}$를 곱하면 된다. A는 타원의 장축(또는 너비)이고, B는 타원의 단축(또는 높이)이다.

* 타원의 넓이 = $\frac{\pi}{4}$ AB

하지만 타원의 한 가운데에서 가장자리까지 닿는 길이가 두 개인, 즉 a와 b를 쓰는 공식이 더 일반적이다.

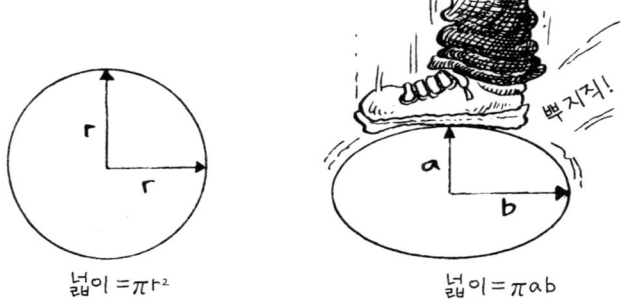

원 하나를 그리고 나서 서로 수직인 두 개의 반지름을 표시해 보자. 반지름 두 개의 길이가 r이면 넓이는 πr^2이 될 것이다. 이제 여러분이 그린 원을 타원으로 찌그러뜨리면 반지름 두 개는 길이가 바뀔 것이다. 짧은 반지름은 a이고, 긴 반지름은 b

이다. 원의 넓이 공식에서 r^2을 a와 b로 바꾸면 이렇게 된다.

* 타원의 넓이 = πab

이상하게도 타원의 둘레를 구하는 적당한 공식은 아직 아무도 찾지 못했다. 하지만 여러분이 정말로 필사적으로 알고 싶다면 여기 꽤 그럴싸한 공식이 하나 있다.

* 타원 둘레의 근사값 = $\pi(a+b)\left(\dfrac{1+\dfrac{3(a-b)^2}{(a+b)^2}}{[10+\sqrt{4-\dfrac{3(a-b)^2}{(a+b)^2}}\,]} \right)$

햄버거와 럭비공

원을 찌그러뜨린 것이 타원인 것처럼 타원체도 구를 찌그러뜨린 모양이다. 타원체의 부피를 구하는 공식은 구의 부피를 구하는 공식과 비슷하고 r^3을 abc로 바꾸기만 하면 된다.

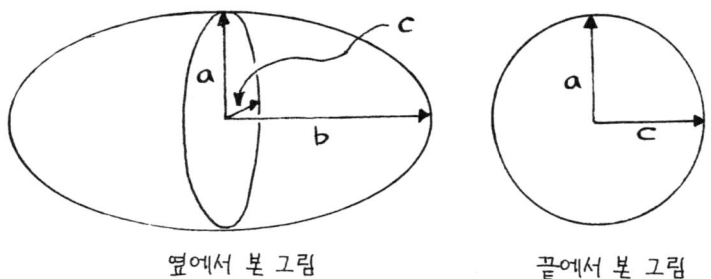

옆에서 본 그림   끝에서 본 그림

* 타원체의 부피 = $\dfrac{4}{3}\pi abc$

여기 특별한 타원체가 두 개 있다. 둥그런 풍선을 찌그러뜨리면 햄버거랑 비슷한 모양이 될 것이다. 위에서 보면 원과 비숫하고, 옆에서 보면 타원처럼 보이는 이것을 '편평 타원체' 라고 한다. 또 풍선의 양 끝을 쥐고 잡아당기면 럭비공 같은 모양이 된다. 이것은 '장축 타원체' 라고 한다.

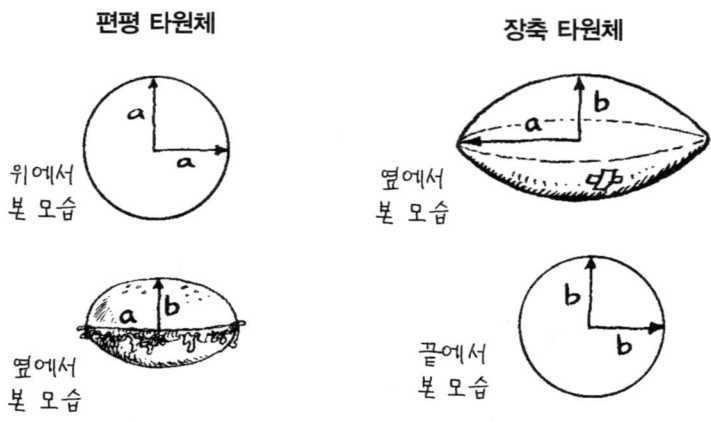

더 긴 길이를 a라 하고 짧은 길이를 b라고 하자.

* 편평 타원체의 부피 = $\frac{4}{3}\pi a^2 b$

* 장축 타원체의 부피 = $\frac{4}{3}\pi a b^2$

★ 요건 몰랐을걸!

지구는 편평 타원체이다. 왜냐하면 적도의 지름은 약 12,756km이지만 북극과 남극을 이은 거리는 약 12,714km이기 때문이다. 하지만 모양이 거의 구에 가깝기 때문에 이것을 '편구면'이라고 부른다.

햄버거나 럭비공 또는 다른 이상한 타원체의 부피를 구하는 가장 쉬운 방법은 딱 맞는 가장 작은 직육면체 상자 안에 그것을 집어넣는 것이다. 타원체의 부피는 상자 부피 × $\frac{π}{6}$ 이다.

경고 한마디: 여러분의 타원체들을 섞어 놓지 말 것!

카드로 만든 집과
다른 신기한 공식들

카드로 만든 집

어느 부산한 밤, '마지막 기회'라는 술집에서였다. 피곤한 기색이 역력한 목동들은 바에, 여가수들은 피아노 옆에, 가게 주인과 상인들은 테이블 옆에 모여 있었다. 늙은 하운드 종의 개만이 벽난로 앞에 엎드려 졸고 있었다. 사람들은 모두 조금이라도 움직이게 될까 봐 숨을 죽이고 있었다. 심지어 바텐더까지도 손이 굳어 버린 것마냥 유리잔을 닦던 수건을 움켜쥐고 있었다. 그 역시 리버보트 릴이 녹색 천으로 덮인 탁자 위에 만든 '카드 집' 맨 꼭대기에 마지막 카드 두 장을 조심스럽게 올려놓는 것을 지켜보았다.

릴은 무척 신중한 태도로 조심스럽게 카드를 올려놓고 천천히 뒤로 물러났다.

"아하!"

사람들이 소근거렸다.

그때 술집 문이 휙 열렸고 검은 긴 코트를 입은 남자가 성큼성큼 들어오더니 쿵쿵거리며 바를 향해 갔다.

"오!"

사람들의 탄성 소리가 높았다.

"뭐요?"

브레트 셔플러가 물었다. 하지만 너무 늦어 버렸다. 그 남자가 삐걱거리는 낡은 바닥을 쿵쾅거리며 지나는 바람에 테이블이 흔들렸고, 카드로 만든 집은 와르르 무너져 내렸다.

"아무것도 없어."

실망한 목소리로 릴이 말했다.

"적어도, 지금은 없어. 당신이 몽땅 쓰러뜨려 버렸으니까."

브레트가 술집을 둘러보자 사람들이 모두 실망한 얼굴로 그를 바라보고 있었다. 앳된 얼굴에 말쑥한 차림새인 젊은이 하나만 웃는 얼굴이었다.

"나는 그 숙녀 분이 여기 있는 카드를 모두 사용해도 집을 만들 수 없다는 데 걸었습니다."

수상한 그 젊은이가 말했다.

"그래서 그 젊은이가 막 돈을 내게 될 참이었지."

릴이 말했다.

"하지만 지금은, 당신에게 고마워해야겠군. 내가 50달러를 잃게 됐으니."

릴은 자신의 벨벳 가방으로 손을 뻗어 익숙한 손놀림으로 가방 안을 더듬기 시작했다. 그러고는 정확하게 50달러를 꺼내 그 젊은이의 손에 건넸다.

"그럼 내가 네 머리통을 날려 주마!"

브레트가 이를 뿌득뿌득 갈며 젊은이의 손을 움켜쥐었다.

"릴하고 내기를 했다면, 내가 기꺼이 수상한 널 상대해 주지, 그 이름도 유명한 셔플러가 말이지. 나 브레트 셔플러가."

"나는 닥 와츠요."

젊은이가 자신을 소개했다.

"내가 말한 대로 됐지만, 당신이 카드를 모두 쓰러뜨렸으니 내가 그 돈을 가져가는 건 정정당당하지 않은 것 같군요."

동의하는 뜻으로 소곤거리는 소리가 사람들 사이로 퍼져나가자 브레트는 당황한 것 같았다. 여가수들은 못마땅한 듯 코를 씰룩거렸고, 목동들의 눈은 모자 밑에서 빛나고 있었다. 사람들은 릴의 내기 돈을 브레트가 내야 한다고 생각하고 있었다. 하지만 브레트는 그녀가 이전에 내기에 이겨서 자신의 돈도 많이 따갔기 때문에 그렇게 할 생각은 없었다.

"그래서 당신은 무슨 일을 하고 있소, 닥?"

브레트가 화제를 바꿔 보려고 부드럽게 물었다.

"난, 의사요."

의사라는 말을 듣자 브레트는 당황해서 갑자기 표정이 멍해졌다.

"내 신비로운 기적의 약은 무엇이든 치료할 수 있소."

의사는 사람들이 모두 고개를 돌려 바라보자 여행용 가방에서 코르크 마개로 막은 병을 한 아름 꺼냈다.

"두 종류가 있지요."
의사가 말을 계속 이어갔다.
"분홍과 노랑. 분홍은 마음을 치료하고, 노랑은 몸을 치료하죠."
"그거 뭘로 만든 거요?"
브레트가 물었다.

"아! 그건 말이죠."
의사가 말했다.
"나하고 할아버지만 아는 비법 공식으로 만들었습니다. 할아버지는 돌아가셨지요."
"그래? 왠지 좀 수상하게 들리는데."
브레트가 껄껄거리며 웃었다. 그리고 누군가 맞장구쳐 주길 바라며 둘러보았다.
"그런 공식 따위로는 나한테 아무것도 팔지 못할걸. 잘 들어 둬. 당신이 카드로 만든 집을 고치는 비법 공식을 갖고 있다면 또 릴이 지금 당장 써먹을지 모르지만……."
"난 카드 집을 고칠 수는 없어요."
의사가 순순히 인정했다.
"하지만 난 저 숙녀 분이 집을 세우는 데 몇 장의 카드가 필요한지 알 수 있는 비법 공식은 갖고 있습니다."
브레트가 아래를 내려다보니 몇 벌의 카드가 여기저기 온 마룻바닥에 흐트러져 있었다.
"불가능해!"
브레트가 말했다.
"아무리 비법 공식이라도 그건 할 수 없어."

"이것 봐요!"

의사가 말했다.

"당신은 나를 거짓말쟁이라고 하는 거요? 난 내 공식으로 모두 몇 장이 필요한지 알 수 있다고 말했소. 내기라도 할까요?"

모두 기대에 차서 브레트를 바라보았다. 다들 수상한 젊은이와 브레트의 말다툼을 들었고, 공평하게 해결되기를 바라고 있었다.

"좋아, 브레트."

릴이 말했다.

"당신은 입으로만 모든 것을 해결하려고 하는군. 그래. 저 남자가 자기 공식으로 카드가 몇 장 필요한지 셀 수 있다고 했으니, 그게 맞으면 당신이 사과를 하고 저 신비로운 기적의 약을 몽땅 사라고."

"아마 저 남자는 당신이 쌓은 카드를 모두 셌을 거야."

브레트가 말했다.

"오우, 그만두라고."

릴이 말했다.

"게다가, 난 저 남자가 여기 오기 전부터 집을 만들기 시작했어. 저 남자는 내가 13층을 쌓고 난 다음부터 봤다고."

"하지만 층마다 쌓이는 카드가 다를 텐데!"

브레트가 헉 숨을 내쉬었다.

"그럼 아무도 말해주면 안 돼."

"내 공식만 있으면 됩니다."

의사가 말했다.

"그래?"

브레트가 물었다.
"물론이요. 걱정하실 필요 없습니다."
의사가 말했다.
"정말이요?"
모두가 눈이 동그래져 물었다.
"그럼요."
의기양양한 태도로 의사가 말했다.
"정말요, 멍멍?"
강아지까지 궁금한 듯 짖어댔다.
"그렇고 말고."
의사가 여전히 당당하게 대답했다.
"그럼 우리 내기하는 거요? 당신이 카드를 다 세기 전에 나는 내 공식을 써서 몇 장이 필요한지 말할 거요."
브레트가 크게 웃었다. 그는 공식에 대해서 많이 알지는 못했지만 카드를 빨리 셀 수 있다는 것만은 알았다.
"당신은 당신 자신하고 내기를 한 거요. 젊은이!"
브레트가 말했다. 브레트가 무릎을 굽혀 카드를 주워 담아 미친 듯이 카드를 세자, 바에 있는 사람들은 모두 브레트를 응원했고, 닥 와츠는 태평스럽게 앉아서 종이를 몇 장 꺼냈다.
"누구 연필 있습니까?"
두리번거리며 의사가 물었다.
"내가 드리죠."
릴이 눈썹 그리는 가느다란 연필을 가방에서 꺼내어 건네주었다.
"거의 다 끝나가!"

브레트가 웃으면서 마지막 카드 세 장을 향해 손을 뻗었다.

"이백쉰일곱, 이백쉰여덟, …… 이백쉰아홉!"

"거의 그렇겠죠."

의사는 종이에 적힌 것을 확인하며 말했다.

"답은 이백육십 장입니다."

"내가 틀렸다는 거요?"

브레트가 말했다.

"하지만 나는 세어 보았다고!"

"나도 당신이 틀렸다고 말할 거야, 브레트."

릴이 말했다.

"난 정확하게 52장짜리 카드 다섯 벌을 썼어."

릴이 말했다.

"의사가 말한 대로 260장이 되지."

"그럼 어떻게 내가 센 건 이백쉰아홉 장이지?"

브레트가 일어나면서 물었다. 사람들이 깔깔거리며 웃음을 터뜨렸다. 브레트는 자기 무릎 아래 하트 4가 있는 것을 보았다.

"이런 빌어먹을!"

의사가 알록달록한 병을 한 아름 건네주자 브레트는 지갑을 집어던지며 말했다.

"좋은 면만 봐, 브레트."

릴이 웃었다.

"이 기적의 공식 덕분에 앞으로 영원히 아프지는 않을 거야!"

그런데 닥 와츠의 비법 공식은 무엇일까?

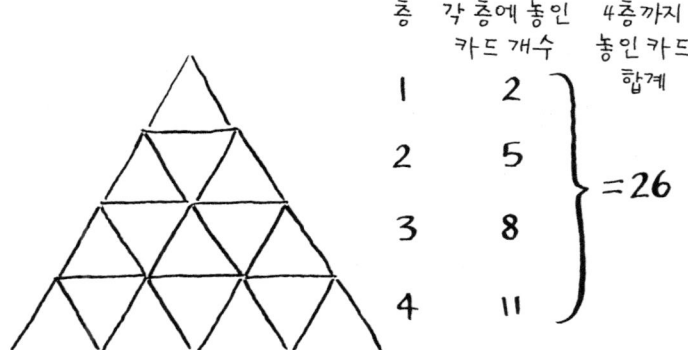

여러분의 카드 집이 보통 방법으로 세워졌다면, 꼭대기에는 카드 2장이 비스듬히 놓인다. 아래층에는 평평하게 놓인 카드 1장, 비스듬히 놓인 카드 4장이 필요하다. 세 번째 층에는 평평하게 놓인 카드 2장, 비스듬히 놓인 카드 6장이 필요하고, 계속 이런 식이다.

* 카드 집을 만드는 데 필요한 카드 수 = $\dfrac{\ell(3\ell+1)}{2}$

ℓ = 층수

"멋진 공식이야!"

사람들 틈에서 누군가 말했다. 납작한 모자를 쓴 또 다른 젊은이가 친절한 미소를 지으며 걸어 나왔다.

"난 리버렌드 조아킴이오. 난 도미노에 대한 나만의 공식을 갖고 있소."

"상자를 뜯어서 저 멋진 남자가 어떻게 하는지 봐요."

릴리가 말했다.

바텐더가 도미노 상자를 건네주자, 곧 그들은 녹색 천이 씌워진 탁자에 도미노를 쏟아 놓았다. 리버렌드는 같은 눈 수가 겹치는 더블릿을 모두 빼 버리고, 나머지는 모두 윗면이 보이게 놓았다.

"마음대로 도미노를 가져가 보시오."

리버렌드가 말했다.

"그리고 한 줄로 놓아 보시오."

"난 네 개를 가져갔소."

브레트가 말했다.

"난 다섯 개."

릴이 말했다.

"그럼 난 그걸 한 줄로 세우는 서로 다른 방법이 모두 몇 가지나 되는지 말해 줄 수 있소!"

리버렌드가 자신에 차 말했다.

"브레트, 당신은 도미노를 놓는 방법이 384가지 되는군요."

"384?"

브레트는 숨이 막히는 것 같았다.

"도미노 네 개로 말이야?"

"그 정도는 아무것도 아닙니다."

리버렌드가 말했다.

"릴은 서로 다른 방법이 3,840가지 있습니다."

"이런, 와우!"

닥 와츠가 말했다.

"그럼 내가 도미노 한 상자를 다 써서 28개를 한 줄로 놓는다면 방법은 몇 가지나 되죠?"

"계산하려면 한참 걸릴 것 같은데요."
리버렌드 조아킴이 순순히 말했다.

리버렌드의 공식은 도미노의 방향과 위치, 두 가지를 함께 고려해서 나온 것이다.

위치: 여러분은 도미노를 각각 어떤 순서에 따라 놓을 수 있다. 이것을 더 알고 싶으면 110쪽 순열에 관한 내용을 보자. 그래서 도미노가 3개 있다면, 놓을 수 있는 방법은 $3! = 3 \times 2 \times 1 = 6$이다.

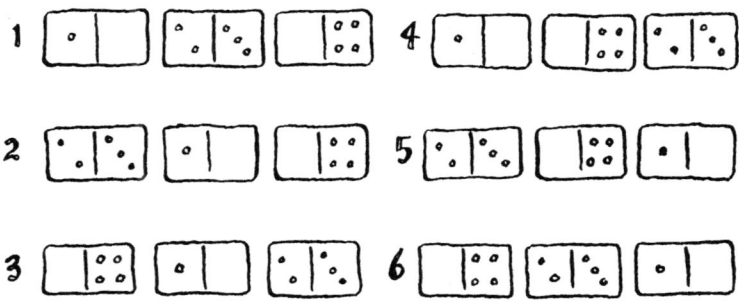

따라서 여러분이 도미노를 n개 가지고 있다면 순열의 수는 $n!$이다.

방향 : 도미노가 각각 제자리에 있으면, 방향은 두 가지이다. 다시 말해서 방향을 두 가지로 바꿀 수 있어 두 가지 서로 다른 모습이 나온다는 것이다. 도미노가 한 개면 $2^1 = 2$이다. 도미노가 2개 있으면 $2^2 = 4$가지 방법이 있다.

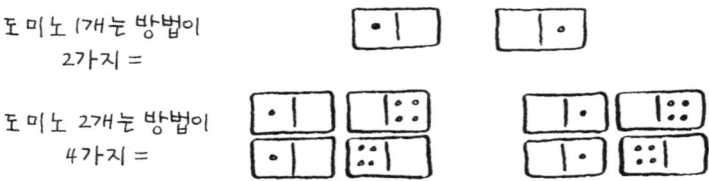

도미노가 n개 있을 때에 서로 다른 방향으로 놓는 방법의 수는 2^n이다. 여러분이 위치와 방향을 한꺼번에 생각한다면, 서로 다른 n개의 도미노를 한 줄로 세우는 방법의 수를 찾아야만 한다. 그런 공식은 다음과 같다.

* **리버렌드의 도미노 공식 = $2^n \times n!$**

그런데 더블릿은 방향이 하나뿐이어서 문제가 생긴다.

하지만 더블릿에도 쓸 수 있는 공식이 있다. 여러분이 d개의 더블릿이 들어 있는 도미노 한 세트를 가지고 있다면 도미노를 한 줄로 놓는 방법은 $2^{(n-d)} \times n!$

일반적인 도미노 세트는 28개의 패 중에서 여섯 개의 더블릿과 빈 칸으로 된 더블릿이 하나 있어서 7개가 더블릿이다. 따라서 공식을 쓸 때에는, 한 줄로 놓는 서로 다른 방법이 몇 가지나 있는지 찾는 것이므로…….

$2^{(n-d)} \times n! = 2^{(28-7)} \times 28! = 2^{21} \times 28! =$
639,397,201,679,144,945,978,450,116,608,000,000

단위 분수

《수학이 자꾸 수군수군 2. 분수》에서는 고대 이집트 사람들이 분자가 언제나 1인 '단위 분수'를 사용하는 것을 좋아했다고 나와 있다. '$\frac{2}{7}$'라고 쓰는 대신 '$\frac{1}{4}+\frac{1}{28}$'이라고 쓰는 것이다. 우리의 슬로베니아 특파원인 써니는 분수를 단위 분수로 바꾸는 방법을 우리에게 보여주었다.

$$* \quad \frac{a}{b} = \frac{1}{w+1} + \frac{a-r}{(w+1)b}$$

$\frac{a}{b}$가 여러분이 바꾸고 싶어 하는 분수이다. w와 r을 얻기 위해서는 a와 b로 나누어야 한다. 답은 범 완전수(w)와 나머지(r)로 나온다. 여러분이 101쪽에 나왔던 '요일 알고리즘'을 기억하고 있다면 w=[$\frac{b}{a}$]이고, r = (b)MODa이다.

여러분이 $\frac{3}{17}$을 바꾸고 싶다고 해 보자. a=3이고 b=17이다. 다음에는 b÷a를 해야 하므로 17÷3을 하면 5가 나오고 나머지는 2이다. 따라서 w=5이고, r=2이다. 이제 공식에 모든 숫자들을 집어넣기만 하면 된다.

$$\frac{3}{17} = \frac{1}{5+1} + \frac{3-2}{(5+1)17} = \frac{1}{6} + \frac{1}{102}$$

이 공식에는 분수가 두 개 있는데, 첫 번째는 언제나 단위 분수이다. 만약 두 번째 분수가 단위 분수가 아니라면 여러분은 똑같은 방법을 써서 구한 다음, 그것을 되풀이하면 된다. 서두르지만 않는다면 여러분은 이런 계산을 어렵지 않게 할 것이다.

$$\frac{17}{19} = \frac{1}{2} + \frac{1}{3} + \frac{1}{17} + \frac{1}{388} + \frac{1}{375972}$$

시계 문자판 각도기

여러분이 괴물들의 광란의 파티에 갔는데 음악 기기가 고장 났다면, 여기에 소개하는 기분 좋은 간단한 공식을 설명해 주면서 분위기를 좋게 만들 수 있을 것이다.

* 시계의 두 바늘 사이의 각 = **(5.5m−30h)°**

여기서 m = 분, h = 시간이다. 답에서 마이너스 기호는 무시하자!

4시 50분에 두 바늘 사이의 각은 (5.5×50−30×4)=(275−120) = 155°

섭씨와 화씨

요즘에는 거의 모든 사람들이 기온을 잴 때 섭씨나 백분법 눈금(C°)을 사용한다. 그러나 노인들은 아직도 화씨(F°)를 쓰는

데, 이것을 보면 서로 단위가 어떻게 바뀌는지 알 수 있다.

* $C = (F-32) \times \dfrac{5}{9}$ 그리고 $F = \dfrac{9C}{5} + 32$

물의 끓는 점 : $100°C = 212°F$
물의 어는 점 : $0°C = 32°F$
정상적인 체온 $37°C = 98.6°F$
별로 쓸모없는 사실 $-40°C = -40°F$

헷갈리지 않고 단위 바꾸는 법

대부분의 단위 바꾸기 공식은 곱하기나 나누기 같은 아주 간단한 계산을 포함하고 있다. 하지만 무척 쉬운 계산임에도 불구하고 어떻게 하는지를 모르는 사람들이 의외로 많다. 여기서는 가장 기본적인 단위 바꾸기 공식으로 옛날에 옷 치수에 쓰이던 인치를 센티미터로 바꾸는 것을 알아 보겠다.

* **1인치= 2.54cm**

'2.54'라는 숫자는 전환율이고, 인치를 센티미터로 바꾸려면 이것을 곱해야 한다. 여러분의 침대 길이가 78인치일 때 센티미터로 길이를 구하면 $2.54 \times 78 = 198.12cm$가 된다.

이번엔 여러분의 키가 155cm라고 하자. 여러분의 키를 인치로 고치기 위해서 전환율을 써야 한다면 곱하기를 해야 할까? 나누기를 해야 할까? 답은 바로 여러분의 머릿속에 있다. 그럼 답의 수치는 많아져야 할까? 적어져야 할까?

인치는 센티미터보다 큰 단위이므로 여러분의 답은 155보다 더 작아야 한다. 따라서 당신의 키를 인치로 고치면 155÷2.54=61인치이다. 오호! 이 말은 여러분에게 78인치 침대가 필요하다는 뜻이다.

물론 우연히 나누기 대신 곱하기를 했다면 여러분의 키는 155×2.54=393.7인치가 될 것이다. 그럼 여러분은 침대에 꽉 끼인 채 자야만 한다.

여기 약간 더 중요한 전환율이 있다.

1마일 = 1.61km

1m/초 = 3.6km/시 = 2.24마일/시

1파인트 = 0.568ℓ

1파운드(무게) = 0.454kg

단위 바꾸기는 여러분의 실생활에서 매우 중요하다.

외국 돈

여러분이 외국으로 휴가를 떠나기 위해 100파운드를 환전해야 한다고 치자. 그래서 여러분은 100파운드가 외국 돈으로 얼마인지 알고 싶다. 이때 여러분에게 필요한 것은 환전율이고 다음과 같은 공식을 적용하면 된다.

* **여러분이 얻을 외국 돈의 양 = 환전율 × 여러분의 돈**

파운드 환전율이 2.6포린이라고 한다면, 여러분은 2.6 × £100 = F260을 받게 된다. 여기서 명심할 것은 누가 돈을 바꿔주든지 돈을 바꾸는 데 비용을 지불해야 하므로 여러분이 받는 돈은 F260보다는 적다는 것이다.

불가능한 덧셈

여러분이 구두쇠 섬의 찰거머리 가게에서 물건을 사야 하는 불운을 겪게 된다면 외국 돈은 여러분에게 또 다른 문제를 한 아름 안겨 줄 것이다. 주인이 받는 돈은 '플리스'이고 두 개의 다른 동전이 있다.

이 말은 여러분이 1F, 2F, 4F, 5F, 7F, 10F 또는 13F인 어떤 물건을 사고 정확한 값을 치를 수 없다는 뜻이다. 재밌는 사실은 H와 C를 쓰는 맥컬러프 공식을 보면 여러분에게 말한 것을 확인할 수 있다는 점이다. H는 여러분이 동전으로 만들 수 없는 가장 큰 액수, C는 여러분이 만들 수 없는 서로 다른 액수의 총 개수이다.

* $H = xy - x - y$ 그리고 $C = \dfrac{(H+1)}{2}$

x와 y는 여러분이 가진 동전 두 개의 값이다.

주의해야 할 점은 동전의 값은 '서로소' 이어야 한다는 것이다. 다시 말해서 둘을 똑같은 어떤 수로 나눌 수 있으면 안 된다는 뜻이다. 여러분의 동전이 9F와 15F라면 3으로 나눌 수 있기 때문에 이 공식은 쓸 수가 없다.

우리의 동전들이 3F와 8F라면 우리는 H=(3×8-3-8)=13이라는 것을 확인할 수 있다. 여러분이 만들 수 없는 가장 큰 값은 13F이지만 그것보다 더 큰 것은 만들 수 있다.

우리는 이미 만들어질 수 없는 7개를 알고 있지만 C= $\frac{13+1}{2}$ = 7이라는 것을 확인할 수 있다.

이 공식은 또 여러분이 값이 서로 다른 두 종류의 우표를 가지고 있어, 두 장의 우표로 만들 수 있는 서로 다른 값들은 얼마나 되는지 알려고 할 때도 도움이 된다. 우표가 15펜스와 23펜스라면 H=15×23-15-23=307이다. 따라서 여러분은 3.07파운드가 넘는 어떤 물건을 살 때는 우표들로 정확한 값을 치를 수 있다.

번개와 떨어진 거리

번개가 번쩍이는 것을 보고 나서 천둥소리를 듣기까지는 언제나 잠깐 동안 기다려야 한다. 번개 친 곳이 얼마나 떨어져 있는지를 알려면 번쩍거린 때부터 우르릉 소리가 났을 때까지 몇 초가 지났는지를 세어 보면 된다. 또 온도에 대해 대강은 알아야 하는데, 소리의 속도가 온도에 영향을 받기 때문이다. 여기에 근사값으로 구하는 두 개의 공식을 소개한다.

* 번개로부터의 거리(m) = s(초)×332(추운 날 0°C)

* 번개로부터의 거리(m) = s ×344(더운 날 20°C)

대충 어림잡아 말해서 그 간격이 3초이면 번개는 약 1km 떨어진 곳에 있다. 그 간격이 5초라면 약 1마일 떨어져 있는 곳이다. 단, 여러분의 시계가 정확해야만 한다.

3목 두기

3목은 두 사람이 9개의 칸 속에 번갈아 가며 O나 X를 그려 나가는 게임으로 연달아 3개의 O나 X를 먼저 그리는 사람이 이긴다.

옛날에는 3×3칸으로 된 격자무늬 판 위에서 3목 게임을 했지만 요즘에는 어떤 크기의 격자무늬 판에서라도 할 수 있다. 여러분이 g×g칸의 판 위에서 게임을 하고 있었다면, 다음에 소개되는 공식에 감사해야 한다.

* 승리가 가능한 줄의 수 = 2(g+1)

썰렁한 농담을 들을 수 있는 사람 수는?

여러분이 엄청나게 재미있는 농담을 했다고 치자. 그래서 그 농담을 들은 사람 모두가 아는 사람들에게 이야기를 전달했고,

서로서로 되풀이하여 그 이야기를 함으로써 그 행성 모든 사람들이 그 농담을 알게 되었다. 결국 전 세계가 그 농담 때문에 들썩들썩하며 아수라장이 되었다. 또 그 농담을 알고 있는 몇몇은 그 이야기를 하려는 사람에게 "난 벌써 들었어."라고 말하며 지긋지긋해 하기도 했다. 그런데 문제는 사람들이 그 농담을 하느라 너무 바빠 다른 일을 할 시간을 도통 내지 못한다는 점이다. 이것은 곧 지구라는 행성이 외계인에게 무방비 상태로 활짝 노출되어 있다는 뜻으로 언제 외계인들이 침략해 올지 모를 일이다.

그래서 재미있는 농담이 매우 위험하기 때문에 〈앗! 시리즈〉 기구에서는 이 책에 재미있는 농담이 나왔는지를 확인하는 데 엄청 신경 쓰고 있다.

그런 이유로 차라리 썰렁한 농담이 더 낫다. 여러분이 한 농담이 너무 썰렁하면 그것을 들은 100명 중 70명만 다른 사람에게 전달한다. 이 경우에 전달하는 사람은 처음 들은 사람 수× 0.7이다.

농담을 들었던 사람의 0.7이 농담을 전달했다면 이것을 '농담의 확산율'이라고 부른다. 확산율이 1보다 낮으면 낮을수록 농담은 결국 사라지게 된다. 가장 썰렁한 농담이 가장 확산율이 낮은 셈이다.

다시 본론으로 돌아와서, 농담을 들은 70명의 새로운 사람들이 다시 농담을 0.7×70=49명에게 전달하고…… 기타 등등. 이렇게 되풀이되다가 그 농담은 결국 사라져 버린다.

그럼 이제 농담을 처음으로 들었던 사람의 수가 P이고, 농담의 확산율이 s일 때에 그 농담을 듣게 될 사람 수에 대해 알아보자.

* 그 농담을 앞으로 듣게 될 사람 수 = $\dfrac{p}{1-s}$

만약 100명의 사람들이 농담을 들었고, 확산율이 0.7이라면 농담이 사라지기 전까지 시달리는 사람들의 수는 $\dfrac{100}{1-0.7}$ = 333명이다.

밀도

밀도란 얼마나 물체가 무거운지, 즉 고체인 철이 폴리스티렌보다 얼마나 더 빽빽하게 들어차 있는지를 말해 준다. 이것은 세제곱미터에 대한 질량의 크기로 kg/m^3으로 적는다.

* 밀도 = $\dfrac{\text{질량}}{\text{부피}}$

여러분이 질량이 30kg이고 각 모서리는 0.25m인 보라색 플라스틱으로 만든 수상한 정육면체를 갖고 있다면, 밀도는 $\frac{30}{0.25^3}$ = 1,920kg/m³이다. 우리는 이것을 정육면체가 물위에 뜰 수 있는지 알아보는 데도 쓸 수 있다. 물의 밀도가 1,000kg/m³이고 어떤 물체가 그것보다 덜 빽빽하다면 그 물체는 물에 뜰 것이다. 하지만 우리의 플라스틱 큐브는 물보다 밀도가 더 크기 때문에 물에 가라앉는다.

범위

64쪽으로 돌아가 보면 도끼족 우르굼이 어떻게 하면 대포알이 발등에 떨어지지 않도록 대포를 쏠 수 있는지 궁금해 하는 게 나온다. 드디어 우르굼은 포신을 약간 기울이면 된다는 것을 깨달았다. 우르굼이 평평한 땅 위에 있다면 그 범위 r, 다시 말해서 대포알이 얼마나 멀리 날아가서 땅에 떨어지는지를 구하는 공식이 있다. 이때 여러분 대포의 포구 속력 v와 포신과 땅 사이의 각도 E를 알아야 한다.

$$* \ r = \frac{2v^2 \sin E \cos E}{g}$$

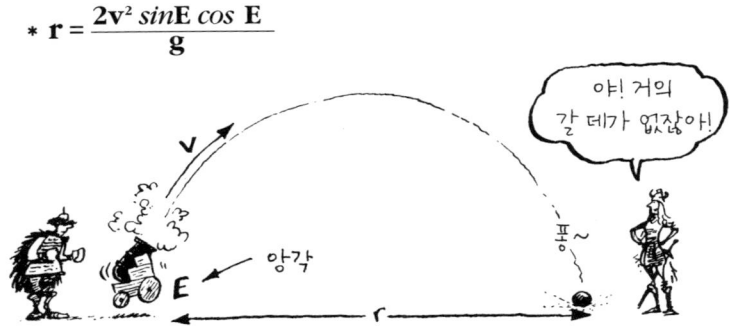

우르굼이 *sin*과 *cos*을 알았다면 어떤 각의 범위도 구할 수 있다. 하지만 우르굼은 대포알이 날아가는 범위에만 관심이 있

으므로 설명서를 확인해야만 한다.

바람이 없다면 45°는 언제나 대포알이 최대한 멀리 날아갈 수 있게 해 준다. 좋은 점은 $sin 45°$나 $cos 45°$가 똑같이 $\frac{1}{\sqrt{2}}$이라서 대포알의 최대 범위에 대한 사랑스러울 정도로 간단한 공식이 나온다.

* **45°에서 대포알의 최대 범위** = $\frac{v^2}{g}$

그러나 허풍선이 학살자의 포구 속도가 70mps이면, 최대 범위는 $\frac{70^2}{10}$ = 490m가 될 것이다.

피보나치 수열

피보나치 수열은 '1, 1, 2, 3, 5, 8, 13······.' 로 시작하고 각 수는 앞의 두 수를 서로 더한 값이다. 하지만 여러분이 이 수열에서 53번째 숫자를 알고 싶다면 어떻게 해야 할까? 앞에 나오는 숫자들을 모두 써서 구할까? 아니다. 어떤 수가 오더라도 구할 수 있는 공식이 있다.

* 피보나치 수열에서 n번째 수 $= \frac{1}{\sqrt{5}}[(\frac{1+\sqrt{5}}{2})^n - (\frac{1-\sqrt{5}}{2})^n]$

이 공식이 신기한 것은 $\sqrt{5}$들이 몰려 있는데도, 답을 구하면 항상 정확한 자연수가 나온다는 사실이다. 하지만 더 빨리 답을 구하고 싶다면 다음에 나오는 공식을 쓰면 된다.

* 보다 쉬운 피보나치 수열의 n번째 수 공식 $= (1.618)^n \div \sqrt{5}$

그러고 나서 여러분은 가장 가까운 자연수를 구해 마무리하면 된다.

드디어 이차 방정식의 근 공식!

이 책이 세탁기 크기라도 모든 공식을 다 집어넣기에는 모자란다. 그래서 마무리를 하는 시점에서 마지막을 무엇으로 장식할지 고민해야 했다. 그 결과는 우리 시대를 통틀어 수학에서 가장 위대한 것 중 하나로 꼽히는 '이차 방정식의 근' 공식이다. 기대를 벗어나지 않았지?

* $x = \dfrac{-b \pm \sqrt{b^2-4ac}}{2a}$ ($ax^2+bx+c = 0$에서)

여러분이 팬텀 X의 방정식에 관심이 있다면 나의 책 《대수와 방정맞은 방정식》에서 더 많은 내용을 찾을 수 있을 것이다. 이상하게도 노인들은 모두 이 공식에 애착을 보이는데, 이는 아마 그들이 학창 시절에 외운 대로 떠오르기 때문일 것이다.

"x는 2a분의 마이너스 b플러스마이너스 루트 b제곱 마이너스 4ac."

재미있지 않나? 특히 할아버지 할머니들 대부분이 이것이 뭘 말하는지 첫 부분도 이해하지 못한다는 것을 안다면. 슬프게도 이 책은 마지막 쪽이 이미 예약되어 있어서 그분들을 위해 설명할 자리가 없다.

준비됐겠지? 그럼 다음 쪽을 보길…….

매우 중요한 마무리

앗, 시리즈 (전 70권)

앗, 이렇게 재미있는 수학이!

어렵고 지루했던 수학이 순식간에 쉽고 즐거워집니다.
수학의 기초 원리에서부터 응용까지, 다양한 정보와
교양을 골라서 일목요연하게 정리해 줍니다.

01 수학이 모두 모여 수군수군
02 수학이 수리수리 마술이
03 수학이 수군수군
04 수학이 또 수군수군
05 수학이 자꾸 수군수군 1. 셈
06 수학이 자꾸 수군수군 2. 분수
07 수학이 자꾸 수군수군 3. 확률
08 수학이 자꾸 수군수군 4. 측정
09 대수와 방정맞은 방정식
10 도형이 도리도리
11 섬뜩섬뜩 삼각법
12 이상야릇 수의 세계
13 수학 공식이 꼬물꼬물
14 수학이 꿈틀꿈틀

앗, 시리즈 (전 70권)

앗, 이렇게 재미있는 과학이!

어렵고 지루했던 과학이 순식간에 쉽고 즐거워집니다.
복잡한 현대 과학의 기초 원리에서부터 응용까지
다루고 있으며, 다양한 정보와 교양을 골라서
일목요연하게 정리해 줍니다.

- 15 물리가 물렁물렁
- 16 화학이 화끈화끈
- 17 우주가 우왕좌왕
- 18 구석구석 인체 탐험
- 19 식물이 시끌시끌
- 20 벌레가 벌렁벌렁
- 21 동물이 뒹굴뒹굴
- 22 화산이 왈칵왈칵
- 23 소리가 속삭속삭
- 24 진화가 진짜진짜
- 25 꼬르륵 뱃속여행
- 26 두뇌가 뒤죽박죽
- 27 번들번들 빛나리
- 28 전기가 찌릿찌릿
- 29 과학자는 괴로워?
- 30 공룡이 용용 죽겠지
- 31 질병이 지끈지끈
- 32 지진이 우르쾅쾅
- 33 오싹오싹 무서운 독
- 34 에너지가 불끈불끈
- 35 태양계가 티격태격
- 36 튼튼탄탄 내 몸 관리
- 37 똑딱똑딱 시간 여행
- 38 미생물이 미끌미끌
- 39 의학이 으악으악
- 40 노발대발 야생동물
- 41 뜨끈뜨끈 지구 온난화
- 42 생각번뜩 아인슈타인
- 43 과학 천재 아이작 뉴턴
- 44 소름 돋는 과학 퀴즈

앗, 시리즈 (전 70권)

앗, 이렇게 재미있는 사회·역사가!

어렵고 지루했던 사회·역사가 순식간에 쉽고 즐거워집니다. 사회·역사와 담을 쌓았던 친구들에게 생생한 학습 의욕을 불어넣어 줄, 꼭 필요한 정보와 교양만을 골라서 일목요연하게 정리해 줍니다.

- 45 바다가 바글바글
- 46 강물이 꾸물꾸물
- 47 폭풍이 푸하푸하
- 48 사막이 바싹바싹
- 49 높은 산이 아찔아찔
- 50 호수가 넘실넘실
- 51 오들오들 남극북극
- 52 우글우글 열대우림
- 53 올록볼록 올림픽
- 54 와글와글 월드컵
- 55 파고 파헤치는 고고학
- 56 이왕이면 이집트
- 57 그럴싸한 그리스
- 58 모든 길은 로마로
- 59 아슬아슬 아스텍
- 60 잉카가 이크이크
- 61 들썩들썩 석기 시대
- 62 어두컴컴 중세 시대
- 63 쿵쿵쾅쾅 제1차 세계 대전
- 64 쾅쾅탕탕 제2차 세계 대전
- 65 야심만만 알렉산더
- 66 위풍당당 엘리자베스 1세
- 67 위엄가득 빅토리아 여왕
- 68 비밀의 왕 투탕카멘
- 69 최강 여왕 클레오파트라
- 70 만능 천재 레오나르도 다 빈치

전 세계 2천만 독자가 함께 읽는
<앗, 시리즈>

난 클레오파트라의 명랑한 친구!

전 세계 2천만 독자가 함께 읽는
<앗, 시리즈>

전 세계 2천만 독자가 함께 읽는
<앗, 시리즈>

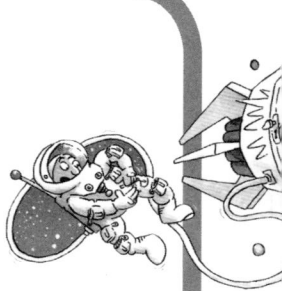